Barcelona
guía de arquitectura
1929-2000

Editorial Gustavo Gili, SA

08029 Barcelona Rosselló, 87-89. Tel. 93 322 81 61
México, Naucalpan 53050 Valle de Bravo, 21. Tel. 560 60 11

Antoni González / Raquel Lacuesta

Barcelona
guía de arquitectura
1929-2000

GG®

nueva edición

En recuerdo de
Manuel Gimeno Bartolomé,
arquitecto (1947-1993)

Ilustración de la cubierta:
Pabellón Alemán de la Exposición
Internacional de 1929 en Barcelona.
Ludwig Mies van der Rohe, arquitecto.
Fotografía de **Eloi Bonjoch**

© Editorial Gustavo Gili, SA, Barcelona 1999

Printed in Spain
ISBN: 84-252-1801-2
Depósito legal: B. 30.998-1999
Impresión: Ingoprint, SA - Barcelona

Índice

Autores y colaboradores

Antoni González Moreno-Navarro
Arquitecto (Barcelona, 1970). Restaurador de monumentos. Director del Archivo Histórico de Arquitectura, Urbanismo y Diseño (AHUAD) del Colegio de Arquitectos de Cataluña (1975). Desde 1981, Jefe del Servicio del Patrimonio Arquitectónico Local de la Diputación de Barcelona. Presidente de la Academia del Partal (Asociación Libre de Profesionales de la Restauración Monumental).

Raquel Lacuesta Contreras
Doctora en Historia del Arte y licenciada en Filosofía y Ciencias de la Educación por la Universidad de Barcelona. Colaboradora del Archivo Histórico de Arquitectura, Urbanismo y Diseño del Colegio de Arquitectos de Cataluña (1973-1978). Desde 1996, Jefa de la Sección Técnica de Investigación, Documentación y Difusión del Servicio del Patrimonio Arquitectónico Local de la Diputación de Barcelona. Miembro fundador de la Academia del Partal.

Antoni González y Raquel Lacuesta han colaborado anteriormente en la redacción y edición de:

La Sagrada Familia, ¿para qué y para quién? (1976)
Inventario del patrimonio arquitectónico de Barcelona (1980)
1380-1980, seis siglos de protección del patrimonio arquitectónico de Cataluña (1984)
32 monumentos catalanes (1985)
La arquitectura en la historia de Cataluña (1987)
Com i per a qui restaurem (1990)
El palau Güell (1990)
Arquitectura modernista en Cataluña (1990)

Dibujo
Sònia Blasco, Rubén O. Montero, Txetxu Sanz.

Colaboradores
(Documentación): Francesc Balañà Comas, arquitecto; Maria Antònia Carrasco Martí, licenciada en Historia del Arte; Maria Dolors Forés Mendialdúa, licenciada en Historia Contemporánea.

Fotografías

Montserrat Baldomà: 13b, 16, 17, 18a, 19a, 20b, 21b, 29b, 33a, 36b, 48a, 51, 56b, 60, 64, 72, 78b, 79b, 85a, 85b, 87, 90b, 92, 105b, 106c, 115, 116, 127, 128b, 129, 132, 133, 134, 141, 143, 144c, 146, 148, 165b, 171a, 174, 175, 176, 177, 178, 179, 180, 181a, 182, 183, 188.
Jaume Orpinell: 12a, 15, 18a, 19b, 20a, 22, 24, 28, 29a, 30, 31a, 38a, 38b, 43, 44, 48b, 50a, 52, 57a, 58b, 59b, 68a, 69, 71, 78a, 81, 93a, 98, 102, 105c, 106a, 106b, 107, 109, 110, 112a, 114a, 114b, 114c, 117a, 118, 120, 121, 122, 123, 126, 128a, 130, 135, 136, 137, 138, 139, 140, 142, 144b, 145, 147, 150, 151a, 152, 153, 154, 155, 157, 158, 159, 161a, 162, 163, 164, 165a, 166a, 167b, 168, 169a, 169b, 170a, 170b, 172, 173, 184, 186, 189.

AHUAD: 34, 37b; J. Artigues: 185c; Ajuntament de Barcelona: 125; Albert Bastardes: 35a, 37a; Arxiu GMN: 10a, 10b, 11, 12b, 12c, 14, 18b, 19c, 20b, 21a, 25, 26, 27, 32, 33b, 35b, 36a, 38c, 40, 41, 46a, 47a, 48c, 49, 53b, 56a, 58a, 59a, 63, 64, 65, 67, 70, 74a, 74b, 75, 76, 79b, 80, 83, 84, 85c, 86, 88, 94, 95a, 96a, 96b, 97a, 101b, 104a, 104b, 105a, 124a, 124b, 144a, 151b, 153, 160b, 161b, 166b, 167a; Francesc Balañà: 156; F. Català Roca: 23, 46b, 50b, 53a, 57b, 61, 62, 73, 77a, 77b, 89b, 93b, 95b, 97b, 99, 102b; CB fotos: 101a; J. Cebollero: 39, 54; Foto 18x24: 108; Foto Sender: 67b; Ferran Freixa, 171b; Pau Giralt (Fundació Caixa de Catalunya), 181b; Cinto Hom: 187; Maspons & Ubiña: 47b, 82; Jordi Nieva: 112b; Serrat & Marqués: 89a, 100b; Jaume Soler: 119; Elías Torres: 185a, 185b; Serena Vergano: 79a; Adolfo Zerkowitz: 13a.

Introducción

Barcelona vivió en 1929 y 1992 dos momentos importantes de su evolución urbana. En el primero abrió las puertas la Exposición Internacional, certamen convocado en un principio para 1917 con menor ambición (Exposición de Industrias Eléctricas) y que el nuevo régimen político instalado en España en 1923 promocionó a un rango de mayor rentabilidad. Con ese motivo, la ciudad –que siempre ha aprovechado ocasiones de esta índole para hacer sábado y materializar algunos sueños no realizados– urbanizó el emblemático cerro bañado por el mar que los barceloneses denominamos con admiración *Muntanya de Montjuïc* y completó paseos y avenidas previstos en el Plan Cerdà de 1859 o en posteriores planes urbanos.

En 1992 fue la celebración de los Juegos Olímpicos de verano la que iba a propiciar la culminación de una reforma urbana que, gracias a la nueva situación democrática que vivía el país, se había iniciado antes de la nominación olímpica de la ciudad. La reforma se planteó esta vez con una mayor ambición. Además de las áreas urbanas afectadas directamente por la celebración de los juegos, se intervino en las infraestructuras (saneamiento, comunicaciones, instalaciones) de toda la ciudad y, una vez más, se hicieron realidad algunas propuestas del Plan Cerdà que llevaban casi siglo y medio en espera de un buen pretexto.

En las dos ocasiones, como es obvio, la arquitectura jugó un papel esencial. Los nuevos pabellones feriales, hoteles, instalaciones deportivas, residencias temporales, etc., transformaron el paisaje urbano. En ambos casos, el cambio no fue temporal, ya que Barcelona (por lo menos así era hasta hace poco) tiende a hacer eterno lo caduco, y no tanto por motivos económicos como significativos y emblemáticos. Buena cantidad de nuestros equipamientos de hoy tienen como escenario los edificios de la exposición de 1929 que supimos conservar. Algo semejante ocurrirá en el futuro (si nuestros hijos recuperan la cordura de sus abuelos) con los edificios de los Juegos Olímpicos del 92.

Entre esas arquitecturas barcelonesas nacidas al abrigo de estos acontecimientos ha habido obras significativas, no sólo para la cultura local, sino para la universal. Quede como ejemplo el Pabellón de Alemania en la exposición de 1929, proyectado por Mies van der Rohe, obra esencial en el Movimiento Moderno. (Y dejemos para la historia el juicio sereno de si de las construcciones olímpicas del 92 alguna merece una consideración, al menos, similar.)

Estas dos fechas, por lo tanto, nos han parecido suficientemente significativas como para empezar y concluir un período de la arquitectura barcelonesa que, a su vez, hemos dividido en tres partes en atención a la evolución que la propia arquitectura –como reflejo de cambios de índole social– ha experimentado en estos casi setenta años.

La primera parte (1929-1950) contempla el conjunto de obras pertenecientes a la que denominamos «arquitectura *noucentista*», cuyo ámbito cronológico se inicia en realidad unos años antes, coincidiendo con el declinar del *Modernisme* que tan importante papel tuvo en la historia de la arquitectura catalana y de la barcelonesa en particular. La fecha final de este subperíodo se ha situado en 1950, ya que a nuestro juicio es aproximadamente en ese momento –y no en 1939, cuando acaba la guerra civil– cuando se va a producir una renovación profunda de nuestra arquitectura.

Entre 1951 y 1978 (año de la aprobación de la nueva Constitución democrática) situamos la segunda parte. Contempla un conjunto de arquitecturas bien diversas –desde las del Grup R y sus contemporáneos hasta las de la oficiosa «Escuela de Barcelona» y sus derivaciones de los años setenta– con un denominador común: la búsqueda simultánea de una apertura hacia el exterior y de una identidad propia, en el contexto de una difícil situación política.

La tercera y última parte (1978-2000) se inicia con la aparición de fenómenos propiciados por la nueva situación política: la nueva sensibilidad hacia el pasado, el incremento de las actuaciones públicas –con la especial incidencia que en la ciudad tiene la preparación de los Juegos Olímpicos– y la incorporación a esta labor pública de arquitectos con un planteamiento cultural de la disciplina.

Algunas observaciones

Es evidente que por arquitectura barcelonesa debe entenderse toda la construida en el área metropolitana de Barcelona. Por ello queremos dejar constancia explícita de que al haber limitado esta guía, por motivos de extensión, al ámbito estricto del término municipal de Barcelona, se ha dejado fuera (o al menos no se han destacado como merecerían) algunos edificios fundamentales de la arquitectura barcelonesa de este período.

En cuanto a los medios de transporte que indicamos como más convenientes para desplazarse hasta los edificios, además del Metro y los FFCC urbanos, hemos considerado sólo los autobuses diurnos, y de entre éstos, sólo los que tienen parada muy cerca del edificio en cuestión.

La bibliografía que se presenta al final del texto es una selección de la que, por razones de espacio, se han excluido los trabajos monográficos sobre edificios, la mayor parte de los cuales, no obstante, se hallan publicados en las revistas especializadas que se citan, de las que se indican los números que contienen alguna información de este tipo.

Antoni González, Raquel Lacuesta.
Barcelona, 1999.

8

1929-1950

En la primera década del siglo XX, mientras se generaliza por todo el país el *Modernisme*, se generan las condiciones sociales y culturales que algunos años después habrán de producir el declive de aquel movimiento y el inicio de uno de los períodos más complejos de la arquitectura catalana.
Hacia 1906 comienza la difusión del nuevo ideario social y cultural que, de la mano del pensador Eugeni d'Ors, ha de armar ideológicamente el empeño modernizador protagonizado por la burguesía industrial cuyo primer reflejo institucional sería una primera experiencia autonómica (Mancomunidad de Cataluña, 1917-1923), abortada pronto por la primera dictadura del siglo (general Primo de Rivera, 1923-1930). Pocos años después, al amparo de un cambio de régimen en el Estado (II República Española, 1931-1939), Cataluña ensaya un modelo autonómico más profundo y con mayor respaldo popular (Generalitat de Catalunya, 1932-1939), interrumpido por una nueva dictadura (general Franco, 1939-1975), después de una guerra civil (1936-1939), en el curso de la cual se había intentado una revolución social más radical.
La arquitectura catalana, sensible a estos vaivenes sociales y culturales internos y a los movimientos de renovación arquitectónica que viven Europa y América del Norte en aquel momento, –a lo largo de un período que se extiende aproximadamente desde 1919 (aunque en esta guía, por las razones ya expuestas, lo contemplemos sólo a partir de 1929) hasta 1950 (ya que a nuestro juicio, como veremos, la guerra civil no produjo una involución radical de nuestra arquitectura, al menos en sus aspectos creativos)– se conformará como una amalgama de programas y lenguajes –ninguno de los cuales puede reclamar en exclusiva, ni la calidad ni la representatividad del período o de cada uno de los aparentes subperíodos posibles– que constituyen la arquitectura noucentista, concepto que abarca, por tanto,

un espectro más amplio que el movimiento cultural catalán paralelo o, por ejemplo, el *Novecento* italiano.

Arquitecturas *noucentistes*

Cuando Eugeni d'Ors empezó sus predicaciones, pronto se vio que la arquitectura modernista (que se extendía entonces por toda Cataluña) no encajaba con el nuevo espíritu. Nicolás M. Rubió Tudurí –autotitulado «*noucentista* no oficial»– explicó así aquella situación:

«A pesar de lo que parezca hoy, visto el fenómeno a medio siglo de distancia, el éxito del Modernismo no fue ni fácil ni completo entre nosotros, si es que el éxito existió realmente. El gaudinismo y el Modernismo, el cuerpo social de Barcelona los tuvo siempre por heréticos. Se llegaba a decir por parte de algunos que los dos «envilecían» la ciudad... El Palau de la Música Catalana, en especial, era objeto de diatribas y vituperios cada noche de concierto... la ciudad repudiaba el nuevo estilo y, por extensión, cualquier otra novedad arquitectónica. Un ansia visceral de retorno a la arquitectura clásica –"la de siempre"– invadió Barcelona...», ansia que se concretó en un «retorno revolucionario a las fuentes más puras y limpias del Renacimiento».

Efectivamente, el lenguaje arquitectónico que mejor supo interpretar el espíritu inspirado por Eugeni d'Ors (y el que más habitualmente se asocia al *Noucentisme*), fue el clasicismo florentino de los siglos XIV y XV. El nuevo monasterio benedictino de Montserrat (hoy, parroquia de María Reina) en la carretera de Esplugues, obra de 1922 del propio Rubió Tudurí, es el mejor ejemplo de la búsqueda del orden, medida, claridad y serenidad en el que coincidieron por motivos arquitectónico-estéticos o ideológico-estéticos las nuevas generaciones de arquitectos y los animadores culturales de la burguesía industrial catalana.

El modelo Brunellesqui no sería, sin embargo, privativo de aquellos primeros años de *Noucentisme*. Se extiende por todo el período que ahora estudiamos, e incluso una docena de años después de acabada la guerra, aún se levantarán en Barcelona obras de aquella naturaleza, como la iglesia de Sant Miquel dels Sants, en la calle Escorial, obra del arquitecto Fisas.

Emparentado con ese clasicismo hemos de considerar también el academicismo de la obra de Duran Reynals –quizá, junto a Rubió Tudurí y Josep Maria Pericas, uno de los más cualificados arquitectos de la Barcelona postmodernista– y de la de algunos de sus seguidores, academicismo que se prolongó también hasta el inicio de la segunda mitad del siglo.

Casa Pericas. Av. Diagonal, 389. 1917. Josep M. Pericas, arqto.

Grupo escolar Pere Vila. 1921. Josep Goday Casals, arqto.

Entre la tradición y las vanguardias

Otro de los caminos hacia la «normalización» de la creación arquitectónica después del «exceso modernista» fue mirar hacia la tradición propia. Y esta vez, no a los estilos medievales, sino las formas simples, tranquilizadoras, de la arquitectura popular o las muy sugerentes del barroco vernáculo.

La Casa Company (c/ Buenos Aires, 56-58), obra de Puig Cadafalch de 1911, es un primer anuncio de esa mirada atrás, no exenta en este caso de influencia de la arquitectura centroeuropea del momento, mientras que los grupos escolares proyectados por J. Goday hacia 1920 remiten a imágenes históricas recientes, como el barroco con el que la Cataluña del siglo XVIII edificó sus iglesias y palacios, e incluso transformó muchas masías, fácilmente asimilables por tanto a determinados valores asociados al mundo rural.

Junto a estas evocaciones de la tradición autóctona, cabe citar la utilización del repertorio clasicista con una actitud ecléctica, presente en nuestra arquitectura a lo largo de más de un siglo sin solución de continuidad, por más que varíe la intención y el énfasis con que se utilicen los elementos, se adapten –mezclándolos– otros elementos de actualidad o se acusen, con mayor o menor fortuna, las corrientes estilísticas forasteras de cada momento. La Casa Puig (c/ Provença, 231), obra de Puig Cadafalch de 1917, la Casa Cambó (Via Laietana, 30) de A. Florensa (1921-1925) y el edificio de Fomento de Obras y Construcciones (c/ Balmes, 36-

Casa Cambó. 1921-1925. Adolf Florensa, arqto.

Cine Coliseum. 1923. Francesc de P. Nebot, arqto.

Parroquia de María Reina. 1922. Nicolás M. Rubió Tudurí, arqto.

Exposición de 1929. Plaza del Universo.

Hotel de la exposición de 1929 (derribado en 1991). Nicolás M. Rubió Tudurí, arqto.

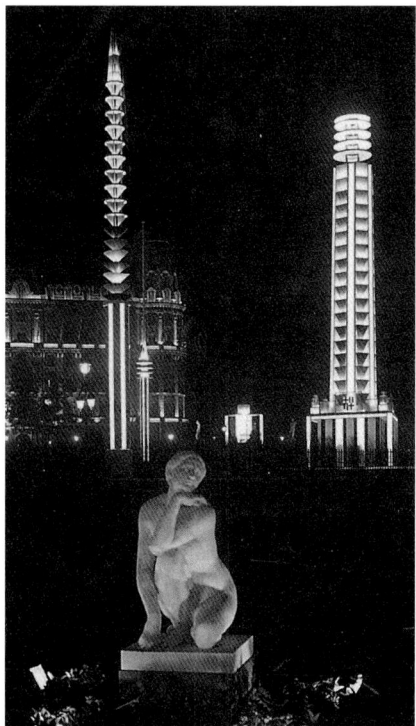

Ecos de la Exposición. Iluminación Déco en la plaza de Catalunya el 20 de mayo de 1930.

42), de J. Torres Grau (1924-1925), son algunos ejemplos inmediatamente anteriores al período estudiado aquí que tendrían continuidad después a través de gran cantidad de obras menores.

En la década de los años veinte, este eclecticismo de raíz clasicista se vuelve retórico y grandilocuente en muchas obras en las que se mezclan elementos del barroco, del grecorromano, del plateresco, o del «estilo nacional francés» de Charles Garnier. Sirvan como ejemplo el Cine Coliseum (Gran Via Corts Catalanes, 595), de Francesc de P. Nebot (1923), la Casa Almirall (Diagonal, 433-439) de Francesc Guàrdia Vial (1928-1932) o el contemporáneo edificio de la Unión y el Fénix Español.

Con toda la prudencia que requieren este tipo de formulaciones, podríamos aventurar que así como el clasicismo florentino guarda relación con la mentalidad de la burguesía culta catalanista, este eclecticismo monumentalista lo está con unas actitudes sociales y estéticas próximas al significado de la Dictadura del general Primo de Rivera. Quizá por ello, el hecho de que la Exposición de Barcelona de 1929 (prevista quince años antes) se inaugurara cuando en Cataluña se había frustrado el primer ensayo autonómico, tuvo una influencia decisiva en la retórica arquitectura del certamen y en que, al amparo de su eco popular, se extendiera por toda la ciudad un, casi siempre mediocre, «monumentalismo de consumo» que pervivirá también hasta después de 1950.

Ecos de la Exposición. Zaguán. Paseo Sant Joan, 204. 1930. J. Gumà Cuevas, arqto.

Junto a estas tan diversas arquitecturas, hacia la mitad de la segunda década de nuestro siglo comienzan a aparecer en Cataluña obras con un lenguaje sorprendente, no asimilables al modernista –a pesar de nutrirse a menudo también de las aportaciones conceptuales de los maestros catalanes de las décadas anteriores–, ni tampoco a los de raíz clasicista.

Tampoco son consecuencia aún de un nuevo ambiente artístico y estético en el país y su punto diferenciador común sea quizá únicamente su conexión formal con las corrientes europeas de vanguardia que los jóvenes arquitectos catalanes asimilan en sus viajes o a través de las revistas.

No cabe hablar ni de escuelas ni de tendencias definidas (sus autores proyectan simultáneamente en lenguajes diversos, dando prueba de la falta de «militancia estilística» propia de los proyectistas *noucentistes*), pero los resultados son, en muchos casos, brillantes. En la ciudad de Barcelona hay que citar, anteriores a 1929, la iglesia parroquial del Carme (c/ Bisbe Laguarda, 1), obra de Josep Maria Pericas (construida entre 1910 y 1949) y otras dos obras del mismo autor, la Casa Pericas (Avda. Diagonal, 389; Còrsega, 319), de 1917, y la Casa Mitjans (c/ Menor de Sarrià, 6), de 1925.

De las obras construidas ya en el período que más adelante se estudia (en las que la influencia del Art Déco será decisiva) no sería justo olvidar un magnífico edificio que la ciudad, aun después de recuperada la democracia, no fue capaz de conservar: la editorial Seix y Barral (c/ Provença, 217), obra de Mestres Fossas, construida en 1930 y derribada en 1978.

La huella del Racionalismo

En la tercera década del siglo se consolida una profunda renovación de la arquitectura europea, cuyos síntomas se detectaban ya desde la década anterior. Arquitectos jóvenes (Le Corbusier –que en 1925 publica *Vers une architecture* y en 1928 edifica Villa Savoie–, Walter Gropius, Mies van der Rohe –que deja en Barcelona una obra maestra, el pabellón alemán de la exposición de 1929–, o incluso más jóvenes, como Alvar Aalto –autor en 1930 del magistral sanatorio de Paimio–) propugnan una revisión de los conceptos teóricos que subyacen en la proyectación de la arquitectura y, por tanto, de su lenguaje.

Este impulso renovador se concreta en tres aspectos esenciales: como objetivo genérico, la población ha de encontrar en el entorno construido unas

Radio Barcelona. 1926-1929. Nicolás M. Rubió Tudurí, arqto.

condiciones mejores para el desarrollo individual y colectivo, lo que supone renovar los planteamientos con que se ha de afrontar el diseño de las viviendas, de los equipamientos colectivos, de las ciudades. Como medio imprescin- dible, la renovación de la industria de la construcción que ha de permitir obtener los sistemas técnicos necesarios para edificar esta nueva arquitectura. Y como consecuencia, la aparición de un nuevo lenguaje arquitectónico capaz de expresar estas intenciones, propuestas, contenidos y medios técnicos renovados.

La sintonía de la vanguardia arquitectónica catalana con este movimiento fue inmediata (y, una vez más, a través de Rubió Tudurí, autor entre 1926 y 1929 del edificio de Radio Barcelona en la cumbre del Tibidabo) y llegaría a concretarse en un grupo organizado, el GATCPAC. Pero el grado de consecución de esos tres objetivos no fue siempre el mismo. La renovación de los contenidos programáticos estuvo muy condicionada por el marco político. Sólo en una situación de progreso, en tiempos de la Generalitat y la República, fue posible plantear aquella renovación de la vivienda y los equipamientos y el disfrute colectivo de los recursos naturales y edificados. Antes, la renovación de contenidos sólo había podido aspirar a mejorar las viviendas de la burguesía, como de hecho sucedió.

La renovación de la construcción, especialmente respecto a la técnica, no pudo ser más que una declaración de objetivos (los intentos de transformación de las estructuras del ramo estuvieron muy mediatizados por la situación bélica y revolucionaria), y en cuanto al nuevo lenguaje que había de ser expresión formal de todo ello, los escasos ejemplos construidos (el período de tiempo en que podemos considerar que se produce esta arquitectura en Cataluña es muy corto –a todo estirar una década–) constituyeron más un manifiesto de voluntades y objetivos, que la expresión de unos resultados.

El Racionalismo, nombre con el que generalmente se conoce este fenómeno cultural, jugó un papel decisivo respecto del futuro de la arquitectura culta. Pero también resultaría decisivo para la globalidad de la arquitectura. De él, el sistema hizo suyas las ventajas rentables para la promoción inmobiliaria, al margen de si suponían o no un beneficio social. Podría decirse que la triste arquitectura, cuantitativamente dominante en los años del *boom* económico posterior a la Segunda Guerra Mundial, es hija bastarda de aquel esperanzador espíritu renovador.

La arquitectura de posguerra
Ya nos hemos referido a nuestra reticencia a considerar las fechas de la guerra civil española como determinantes de una evolución significativa de los aspectos formales de la arquitectura en Cataluña. De una parte, no podemos ol-

Editorial Seix y Barral. 1930 (derribada en 1978). J. Mestres Fossas, arqto.

vidar que las mentalidades que subyacían en la definición de la mayor parte de los lenguajes arquitectónicos vigentes antes de la guerra siguieron presentes (como la propia burguesía local que nunca perdió su papel social hegemónico) después del conflicto. De hecho esos lenguajes evolucionaron sin sobresaltos y no dieron síntomas de agotamiento –la habitual retórica que anuncia el final–, hasta el inicio de los años cincuenta, cuando algunos arquitectos jóvenes consiguieron interesar en la renovación formal a la minoría culta de la burguesía.

La continuidad del clasicismo es evidente (no existe contradicción entre el Duran Reynals de antes y después de la guerra, por ejemplo), y los eclecticismos perviven –adaptados a una lógica evolución– en obras residenciales (El Rancho Grande, Via Augusta, 170-180; c/ Muntaner, 367, de Joaquim Lloret Homs, 1944, o el Frare Negre, c/ Balmes, 429-445, de Eusebi Bona, 1940) o institucionales (como el Banco Vitalicio o el Instituto Nacional de Previsión, obras de Bonet Garí). Con respecto a la continuidad que hubiera podido tener la ortodoxia racionalista, con ser evidente que la desaparición de los principales autores resultó decisiva, no podremos nunca afirmar que estuviera garantizada en el caso de haber sido de otro signo el final de la guerra, o al menos eso se deduce de la observación del proceso en otros países europeos.

Por otra parte, al menos en Cataluña, es muy difícil hablar de represión estilística por parte del nuevo régimen ni siquiera de una nueva «arquitectura franquista» impuesta desde el poder. De lo primero puede ser clarificador el libro *Homenaje de Cataluña liberada a su caudillo Franco*, publicado en 1939, que ensalza el Modernismo y el Funcionalismo como momentos culminantes del «principio de creación e invención» en arquitectura. De la segunda observación pueden dar testimonio la diversidad de lenguajes en que se concreta la escasa actuación pública del nuevo régimen, en la que no faltan obras de interés, como la Residencia de oficiales (Av. Diagonal, 666), obra de Manuel de Solà-Morales Rosselló, construida entre 1939 y 1940.

En las páginas que siguen hemos preferido presentar las obras más significativas de este complejo período, no agrupadas según esas tendencias formales o programas conceptuales citados, sino ordenadas por su cronología, por considerar que la confusión aparente que esta ordenación puede producir en el lector debe ser similar a la que percibían quienes vivieron esa diversidad y simultaneidad de lenguajes que caracterizó el período *noucentista*.

Residencia de oficiales. Avda. Diagonal. 1939-1940. Manuel de Solà-Morales Rosselló, arqto.

1
Exposición Internacional de Barcelona

1923-1929

Parque de Montjuïc - Plaza de Espanya
Bus 13, 27, 30, 55, 61. Metro L1, L3 (Espanya)

En 1917 debía de haberse celebrado en la montaña de Montjuïc una Exposición de Industrias Eléctricas –de la que el arquitecto Josep Puig Cadafalch levantó el Plan General– que por diversas causas fue retrasándose hasta transformarse en la Exposición Internacional que ocupó aquel espacio entre 1929 y 1930. La nueva red viaria se había empezado ya a construir en 1915, bajo la dirección de Josep Amargós y, casi al mismo tiempo, el ingeniero Jean C. N. Forestier fue encargado del proyecto de ajardinamiento, en el que colaboró el arquitecto Nicolás M. Rubió Tudurí.

De las construcciones que se levantaron con motivo del certamen internacional y que se han conservado –que constituyen una buena muestra del que hemos llamado eclecticismo monumentalista– destacan los palacios de Alfons XIII y Victòria Eugènia (pza. del Marquès de Foronda, Puig Cadafalch, 1923-1928); el Palacio Nacional, actual Museo de Arte de Cataluña (pza. del Mirador, Enric Català, Pedro Cendoya y Pere Domènech Roura, 1925-1929); el Pabellón de la Ciudad de Barcelona (Josep Goday Casals, 1928); la Casa de la Prensa, hoy sede de la Guardia Urbana (c/ de la Guàrdia Urbana –antes, de la Tècnica–, 1, Pere Domènech, 1926-1929); el Palacio de la Agricultura, hoy teatro del Mercat de les Flors, (calle de Lleida, Manuel M. Mayol Ferrer y Josep M. Ribas Casas, 1927-1929); el Palacio de las Artes Gráficas, hoy Museo Arqueológico (paseo de Santa Madrona, 39, Pelayo Martínez Paricio y Raimon Duran Reynals, 1927-1929); el Estadio Municipal (avda. del Estadi, Pere Domènech, 1928); el Pueblo Español (avda. del Marqués de Comillas, Francesc Folguera y Ramon Reventós, arquitectos, Xavier Nogués, pintor, y Miquel Utrillo, 1926-1929) y el Teatro Griego (paseo de la Exposición, Forestier y Rubió Tudurí, 1929).

Torres de la plaza de Espanya. Ramon Reventós, arqto.

Palacio Nacional. E. Català, P. Cendoya, P. Domènech, arqtos.

El acceso al recinto de la exposición desde la plaza de Espanya está enmarcado por dos palacios porticados, el del Trabajo (Andrés Calzada y Josep M. Jujol, 1927) y el de Comunicaciones y Transportes (de Félix de Azúa Gruart y Adolf Florensa Ferrer, 1927), y dos torres gemelas (obra de Ramon Reventós, 1927) que encuadran la avenida de la Reina María Cristina que culmina en la Fuente Mágica, obra del ingeniero Carles Buïgas.

Fuera del recinto, conformando la plaza de Espanya, destacan los edificios destinados a hoteles que, realizados en obra vista con elementos de sillería, armonizaban con la unica construcción que se levantaba allí entonces: la plaza de toros de las Arenas. Sólo se conservan el señalado con el n° 3, convertido en la escuela pública Francesc Macià, y el n° 4, que cobija dependencias policiales. El central, entre las calles Tarragona y Creu Coberta, un bello edificio diseñado, como los otros dos, por Rubió Tudurí, fue derribado en 1991 para construir en su lugar otro hotel, cuyo volumen y composición rompen la unidad original de la plaza.

La fuente del centro de la plaza es obra del arquitecto Josep M. Jujol Gibert de 1928. Fue restaurada en 1992.

Palacio de las Artes Gráficas (hoy, Museo Arqueológico), P. Martínez, R. Duran Reynals, arqtos.

Palacio de Alfons XIII, J. Puig Cadafalch, arqto.

Puerta de Ávila del Pueblo Español.

2
Pabellón Alemán de la Exposición Internacional

1928-1929

Av. Marquès de Comillas, s/n. Montjuïc
Ludwig Mies van der Rohe, arquitecto
Bus 13, 61. Metro L1, L3 (Espanya)

En medio de la producción arquitectónica española de la Exposición Internacional, que optó por recuperar las formas tradicionales de la arquitectura clasicista y barroca, y de una participación extranjera muy irregular, destacó la propuesta radical del pequeño pabellón de Alemania, que había de significar un punto de referencia de la arquitectura moderna europea.

El pabellón, cuyo emplazamiento había sido elegido previamente por el propio Mies van der Rohe, concebido como un juego de planos aparentemente elemental, basaba su fuerza expresiva en la diafanidad de los espacios, la calidad y diversidad de los materiales (mármol travertino, ónice, cromados y vidrio) y en la relación de esa rotundidad formal con un entorno cristalino protagonizado por dos estanques.

El mobiliario también fue diseñado por Mies –la silla *Barcelona*, de cuero y aluminio–, y la escultura femenina del estanque interior, por Georg Kolbe.

El pabellón, tal y como estaba previsto, fue desmontado después de la Exposición y en 1981 el Ayuntamiento de Barcelona, junto con el organismo ferial de la ciudad, decidió reconstruirlo en el mismo lugar, para lo que encargó el proyecto a los arquitectos Cristian Cirici Alomar, Fernando Ramos Galino e Ignasi de Solà-Morales Rubió. El edificio reconstruido fue inaugurado el 2 de junio de 1986. Actualmente tiene en él su sede la Fundación Mies van der Rohe.

El pabellón en 1929.

3
Estación de França 1924-1929

Av. Marquès de l'Argentera, 6
Andreu Montaner Serra y Eduard Perxes, ingenieros
Pedro de Muguruza Otaño, Salvador Soteras Taberner, Raimon
Duran Reynals y Pelayo Martínez Paricio, arquitectos
Bus 14, 39, 40, 51. Metro L4 (Barceloneta)

La vieja estación de ferrocarril, que desde 1848 había sido ampliada en diferentes etapas, fue objeto de una importante reforma entre 1926 y 1929, con motivo de la Exposición Internacional. Se trató de hecho de la sustitución del viejo edificio por uno nuevo concebido según el modelo de las grandes estaciones del siglo XIX, cuyo último ejemplo importante en Europa es ésta de Barcelona. Fue proyectado por Pedro de Muguruza, ganador del concurso convocado al efecto y construido bajo la dirección de Salvador Soteras, arquitecto de la compañía ferroviaria.

La estructura de las dos grandes naves que cubren los andenes fue diseñada por Andreu Montaner y realizada por la empresa catalana Maquinista Terrestre y Marítima, y el edificio de administración, con cubierta de vidrio y escalera monumental de mármol, se debió a Eduard Perxes, ingeniero de la compañía. El vestíbulo, un gran espacio cubierto por tres bóvedas vaídas de casetones sobre pechinas, que se corresponden con otros tantos arcos en la entrada a la estación y en la salida a los andenes, fue concebido con un lenguaje clasicista de intencionada monumentalidad por los arquitectos Raimon Duran y Pelayo Martínez.

Entre 1990 y 1992 la estación de França, cuando ya había perdido su importancia ferroviaria en favor de la nueva estación terminal de Sants, fue restaurada bajo la dirección del arquitecto José Ramón Pastor González.

4
Fábrica Myrurgia

1928-1930

C/ Mallorca, 351 - C/ Nàpols, 238
Antoni Puig Gairalt, arquitecto
Bus 19, 33, 34, 43, 50, 54

Uno de los rasgos característicos de la arquitectura de Antoni Puig es la incorporación de la estética «Art Déco», lenguaje que en su obra dialoga al mismo tiempo con el espíritu clasicista propio del primer novecentismo catalán y con las nuevas tendencias de la arquitectura moderna europea, hecho evidente de forma especial en la fábrica Myrurgia.

Por tratarse de un edificio industrial, que requiere grandes espacios libres y bien iluminados, Puig plantea la composición de las fachadas en base a la línea horizontal que le permite disponer ventanas corridas situadas a dos niveles, que corresponden a las naves. En el acceso de la fachada principal, en el chaflán, sitúa la escalera de doble tramo, presidida por una escultura de Ferran Monegal, y da lugar a un volumen más elevado que es el que marca el eje de composición del edificio. La estructura portante es metálica.

Antoni Puig Gairalt es autor de la casa Guarro de la calle Ample, 46 (1923-1924) y del edificio de viviendas de la Compañía de Seguros Barcelona de la Via Laietana, 6 (1926-1928), en los que la pervivencia de la arquitectura popular catalana se combina con la influencia Déco. En este último edificio, el relieve escultórico que decora el chaflán es obra de Joan Rebull.

Ramon Puig Gairalt, hermano de Antoni, es autor de la casa Pidelaserra, en la c/ Balmes, 178, obra de 1932, también con resonancias Déco.

20

5
Casas Masana

1929-1930

C/ Lleida, 7-11; C/ Olivera, 78; C/ Tamarit, 70
Ramon Reventós Farrarons, arquitecto
Bus 55, 91

Se acostumbra a considerar este edificio de viviendas como uno de los primeros de Barcelona, si no el primero, en el que se concibe la vivienda urbana con una mentalidad decididamente moderna. Para Oriol Bohigas, que lo considera «el primer ejemplo aproximadamente bauhasiano de Cataluña, con fuerte impronta expresionista», la planta diseñada por Reventós constituye «el primer esfuerzo hacia una idea de higienización y de revisión urbanística».

En realidad no se trata de un solo edificio, sino de un conjunto –encargado entre 1929 y 1931 por Josep Masana a Ramon Reventós–, por lo que habría que hacer las mismas concidoraciones respecto del edificio correspondiente a los números 68-76 de la calle Olivera y del de la calle Tamarit, 66-68. El conjunto, que ocupa gran parte de la manzana, configura un patio central al que se abren los patios de cada finca, permitiendo así que las habitaciones reciban ventilación e iluminación exterior y eliminando, por tanto, los patinillos interiores.

La fachada de la calle Lleida tiene como elementos más expresivos y singularizadores los núcleos verticales de comunicación, sobre los accesos a cada portal, que se manifiestan al exterior a través de tribunas triangulares acristaladas a toda alzada (excepto en los pisos primero y último). Las fachadas del resto de edificios están tratadas de manera semejante, aunque con la incorporación de balcones.

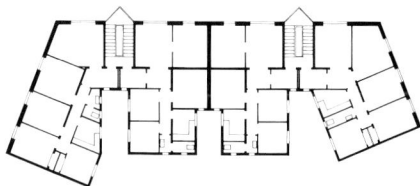

6
Casa Vilaró 1929-1930
Av. Coll del Portell, 43 y 67
Sixte Illescas Mirosa, arquitecto
Bus 24, 31, 32, 71. Metro L3 (Lesseps)

En 1930 se fundó en Cataluña el GATC-PAC (Grup d'Artistes i Tècnics Catalans per al Progrés de l'Arquitectura Contemporània), como sección catalana del CIRPAC, organismo internacional creado para la «resolución de los problemas» de la arquitectura de aquel momento. Illescas fue uno de los fundadores del GATCPAC, y la casa Vilaró una de sus obras más significativas, influida por el estilo «barco» característico del primer racionalismo.

El edificio se levanta sobre un solar de fuertes pendientes, lo que obligó a desarrollar un programa de vivienda unifamiliar a diferentes niveles, en donde los elementos estructurales cobran un protagonismo de gran expresividad que se pone de manifiesto en la composición formal de las fachadas. El diseño de las aberturas, de las barandillas, de los elementos de cubierta, son ya representativos de las constantes tipológicas que definirán gran parte de las obras del GATCPAC.

Illescas es autor del edificio de la calle Padua, 96 (1934-1935), del que era propietario, en el que tanto los aspectos generales del proyecto como la solución de los acabados interiores (ascensores, escaleras, pavimentos, zócalos, cuartos de baño y cocinas), manifiestan su interés por supeditar la forma a la función, simplificándola al máximo pero sin obviar el diseño de cada pieza por secundaria que parezca. También es autor de la casa Mansana, en el paseo de Sant Gervasi, 1-3 (1935-1940).

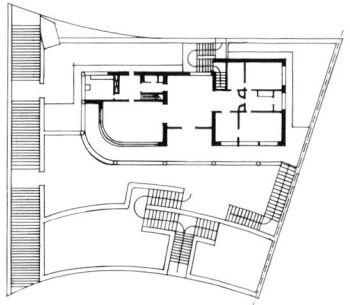

7
Edificio de la Unión y el Fénix Español

1927-1931

Paseo de Gràcia, 21
Eusebi Bona Puig, arquitecto
Bus 7, 22, 24, 28. Metro L3 (Passeig de Gràcia)

Responde a un modelo prefijado por la compañía aseguradora (fundada en 1908), en cuanto al emplazamiento, la composición dinámica de los volúmenes y el carácter monumental, más influenciado en este caso por la arquitectura burguesa francesa y norteamericana del siglo XIX que por la tradición autóctona o las resonancias modernistas y eclécticas del Ensanche, uno de cuyos chaflanes singulariza.

Bona adoptó la forma semicircular para el cuerpo central del edificio, una disposición del chaflán inusual en el Ensanche, y para destacar su carácter monumental dispuso el orden de columnas corintias pareadas de los pisos principales, coronadas por esculturas exentas de Frederic Marès, y lo culminó con una cúpula de alto tambor en cuya cúspide extiende sus alas el ave fénix, símbolo de la vida eterna, sobre el que cabalga la figura del joven Ganimedes, grupo escultórico obra de Saint-Marceau. En este cuerpo se sitúan las dos escalinatas principales desde las que se accede a todas las dependencias. El edificio fue inaugurado el 22 de marzo de 1931.

Dentro de este lenguaje monumentalista, que perduraría en Barcelona hasta los años 50, destacan algunas obras del arquitecto Francesc Nebot Torrents, autor del cine Coliseum, los edificios de viviendas de la calle Balmes, números 297 y 301 (hacia 1929), el n° 303 (1944-1945), el 300-366 y el 363 (hacia 1935) y la casa Schmith (n° 368, 1946-1949).

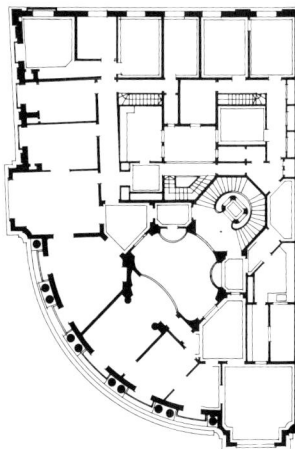

8
Casal Sant Jordi

C/ Casp, 24-26; c/ Pau Claris, 81
Francesc Folguera Grassi, arquitecto
Bus 22, 24, 28, 39, 45, 47. Metro L1, L2, L4 (Urquinaona)

En la misma línea del expresionismo formal de las casas Masana, Folguera plantea este edificio –uno de los más sobresalientes que ha producido la arquitectura catalana en este siglo– influido también por las corrientes innovadoras centroeuropeas, pero sin alejarse aún de los esquemas clasicistas de la primera arquitectura noucentista.

La función múltiple del edificio (las plantas primeras se destinan a oficinas, las restantes a viviendas de alquiler y el ático a vivienda del propietario de la finca), se hace aparente en la ordenación y diseño de las aberturas, con un predomonio del hueco sobre el macizo en la zona inferior y al revés a medida que se eleva el edificio. En el ático, la vivienda se resuelve en dos niveles y se abre hacia el interior de la manzana, a una terraza-jardín con un estanque, cuyo suelo de vidrio hace a su vez de claraboya del patio interior de la finca. Un corredor perimetral exterior filtra los ruidos de la calle y hace de distribuidor de todas las dependencias de la casa.

La fachada principal está presidida por una escultura de san Jorge, obra de Joan Rebull. El diseño de los pavimentos, cerramiento de los ascensores, carpintería y detalles ornamentales, reflejan una sintonía de Folguera con la corriente Art Déco.

El edificio fue convertido en 1989 en sede de la Conselleria de Justícia de la Generalitat de Catalunya. El arquitecto Ignasi Sánchez Domènech dirigió la restauración.

Planta ático.

9
Edificio de viviendas

1930-1931

C/ Muntaner, 342-348
José Luis Sert López, arquitecto
Bus 58, 64. FF.CC. Generalitat (Muntaner)

José Luis Sert y Josep Torres Clavé, a través del GATCPAC, aglutinaron en Cataluña el movimiento arquitectónico y cultural renovador de la década de los treinta en Europa. Torres Clavé murió en el frente en 1939, en defensa de la causa republicana. Sert abandonó el país después de la guerra civil, acabada ese mismo año, y se instaló en Estados Unidos, donde alcanzó un sólido prestigio internacional. Este conjunto de circunstancias influyó en la mitificación posterior de la escasa arquitectura racionalista catalana que, aunque ciertamente interesante como fenómeno cultural, posee un relativo valor en el conjunto de la producción europea de aquellas décadas.

En este edificio, considerado como su primera obra de madurez dentro del GATCPAC y un clásico de la cultura moderna local, Sert utiliza el repertorio de conceptos y formas habituales del movimiento moderno: viviendas en «dúplex» con dobles espacios interiores, apartamentos de estudio en el ático con sus correspondientes terrazas ajardinadas, estructura metálica y cerramiento de fachadas con fábrica de ladrillo revestida con estuco, balcones en esquina, etc.

Sert es autor también del edificio de la calle Rosselló, 36 (1930) y de la Joyería Roca, en el paseo de Gràcia, 18 (1934), que ocupa el lugar donde había estado ubicado el Café Torino, uno de los más interesantes y celebrados establecimientos modernistas de la ciudad.

10
Edificio de viviendas

1931

Via Augusta, 61
German Rodríguez Arias, arquitecto
Bus 16, 17, 22, 24, 28. FF.CC. Generalitat (Gràcia)

Este edificio, de planta baja y seis pisos entre medianeras, fue polémico, ya que el planteamiento que hizo Rodríguez Arias (también miembro fundador del GATCPAC) rompía con los cánones formales establecidos e incorporaba elementos –algunos alejados de la ortodoxia del racionalismo–, como la variación del ritmo de los huecos o el zigzag de los áticos.

En 1958, el mismo arquitecto reformó la planta baja y en 1963 amplió y modificó la planta superior con un resultado óptimo: un sutil cerramiento de pilares metálicos en la línea de fachada consigue, sin modificar la aparente volumetría original, dar unidad al conjunto.

En su origen la fachada principal estaba estucada de color rosa y la posterior de blanco. En cambio, todo el sistema de cerramientos, como la carpintería metálica y de madera de las ventanas, los tubos metálicos de las barandillas, el fibrocemento de los antepechos y el pavimento de gres de los balcones, era de color gris. Estos materiales y colores, alterados con los años, fueron recuperados cuando, entre 1988 y 1991, el edificio fue restaurado por el Ayuntamiento bajo la dirección de los arquitectos Joan Rovira Casajuana y Bel Moretó Navarro.

El edificio Astoria, de la calle París, 193-197 (1933-1934), que algunos autores remiten a la influencia de Walter Gropius, también es obra (excepto la sala de cine) de German Rodríguez Arias.

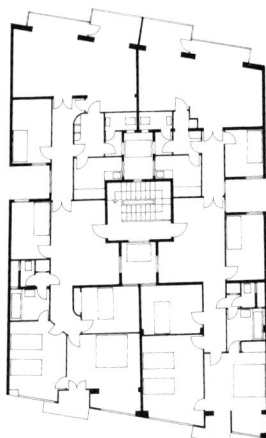

Planta de los pisos 2º, 3º y 4º.

11
Casal del Metge

1931-1932

Via Laietana, 31
Adolf Florensa Ferrer y Enric Català Català, arquitectos
Bus 16, 17, 19, 45. Metro L4 (Jaume I)

La aportación más importante en el campo de la arquitectura de nueva planta de Adolf Florensa –destacado restaurador de monumentos barceloneses–, es quizá la introducción en la ciudad de un lenguaje inspirado en el clasicismo civil florentino, que desarrolló con acierto y que impregnaría de monumentalidad contenida y elegante la joven Via Laietana, atenuando la irritación producida por el impacto de la apertura de esta vía sobre los barrios de la ciudad antigua. En la misma calle, anteriormente al edificio de los médicos, Florensa había realizado la casa Cambó (n° 30, 1921-1925) y, poco después, el edificio del Fomento del Trabajo Nacional (n° 34, 1931-1936, en colaboración con Josep Goday).

La fachada del Casal del Metge está dividida en tres órdenes: el inferior, de paramento almohadillado y arcos de medio punto; el central, con un ritmo de ventanas de esquema vertical y de proporciones decrecientes, rematadas las del piso principal con frontones triangulares, y el superior, a modo de loggia con columnas y pilastras toscanas coronado por una cornisa y frontón central. Del interior destaca el vestíbulo-patio central, la escalera decorada con un zócalo de cerámica pintada, que recuerda la ornamentación del patio de la Casa de Convalecencia de Barcelona, donde estuvo ubicada la Facultad de Medicina, y la sala de actos. La primera piedra del edificio fue colocada el 5 de marzo de 1931 y se inauguró el 10 de diciembre de 1932.

12
Edificio de viviendas económicas 1933

Av. de Gaudí, 56; c/ Castillejos
Pere Benavent de Barberà Abelló, arquitecto
Bus 19, 50. Metro L2 (Sagrada Família), L5 (Hospital de Sant Pau)

Según confesión del propio Benavent, este edificio es una réplica al de José Luis Sert en el número 36 de la calle Rosselló, aunque –a juicio del arquitecto– «mejora» la composición de la fachada y los aspectos constructivos, afirmación que parecen avalar los estudios comparativos realizados por los profesores de construcción José Luis González y Albert Casals.

El edificio tiene planta en V con fachadas a dos calles no paralelas y cuatro viviendas por rellano que se asoman, mediante terrazas, dos a cada fachada. El sistema portante es de muros de carga y las fachadas de ladrillo visto, aplantillado en las aberturas. Las terrazas están formadas con potentes losas de marcada horizontalidad y cerradas por barandillas con pantallas metálicas.

El afán de Benavent por encontrar una nueva manera de hacer arquitectura moderna al margen de la ortodoxia racionalista (con la que estaba en clara polémica), es decir, basándose más en una mayor racionalidad constructiva que en una renovación de los aspectos formales, le llevó a alejarse de las «recetas» de Le Corbusier, como él mismo las definía, y a no abandonar el espíritu clasicista del novecentismo local. Otras obras significativas suyas de aquella época son: la casa Esquerdo (c/ Balmes, 220, 1931-1932); la casa Cardona (c/ París, 127, 1935-1940); la casa J. Esteva, «la Punyalada», (paseo de Gràcia, 104-108, 1935-1940) y la casa Izquierdo (c/ Madrazo, 83-87, 1936).

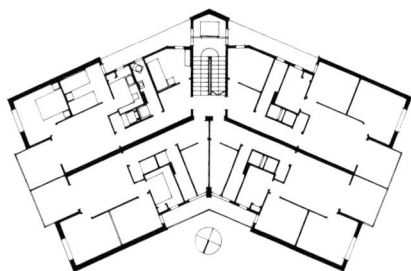

13
Casa Viladot   1930-1933

Av. de Gaudí, 71; c/ Castillejos, s/n
Jaume Mestres Fossas, arquitecto
Bus 19, 50. Metro L2 (Sagrada Família), L5 (Hospital de Sant Pau)

Mestres Fossas es considerado una figura clave de las vanguardias arquitectónicas del cuarto del siglo en Barcelona. Su producción, si bien al margen de la ortodoxia racionalista (aunque en 1931 se adhiriera al GATCPAC) y con claras resonancias del clasicismo novecentista, responde a una actitud abiertamente progresista.

La casa Viladot, construida en un solar pentagonal con tres fachadas, se ordena según un esquema de rígida simetría alrededor de un hueco de escalera también pentagonal. Las fachadas, libres de todo ornamento superpuesto pero con alusiones al grafismo Art Déco, acusan una marcada horizontalidad gracias a las impostas que enmarcan los huecos sin interrupción. Solución parecida, quizá menos lograda, es la de la Casa Ginestà (Av. Gaudí, 44, 1931), del mismo autor.

Son también obras de Mestres, el desaparecido Pabellón de Artistas Reunidos de Barcelona, de 1929 (las puertas se conservan en la tienda «Biosca & Botey» de la calle Còrsega, esquina con rambla de Catalunya); la también desaparecida editorial Seix y Barral; las casas Sans (plaza Molina, 1-7, 1933-1934) y la Escola Blanquerna (Instituto Menéndez Pelayo), en la Via Augusta, 138-156, 1930-1933. En una obra tardía, el edificio Finanzauto, de la c/ Balmes, 216-218, de 1954, Mestres incorporó una serie de plafones escultóricos diseñados por Antoni Tàpies, alusivos a la enseñanza de los escolapios (antiguos propietarios del edificio).

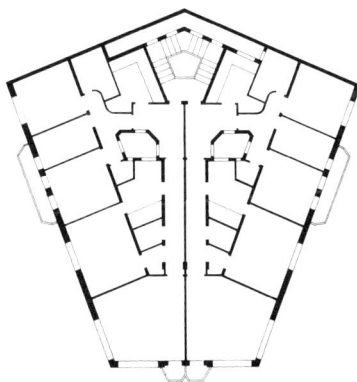

Relieves de Antoni Tàpies (1954), en el edificio Finanzauto.

14
Grupo escolar Collaso i Gil   1932-1935

C/ de Sant Pau, 109 bis
Josep Goday Casals, arquitecto
Bus 20, 64, 91. Metro L3 (Paral.lel)

Goday es autor de buena parte de los grupos escolares (Pere Vila, Milà i Fontanals, Ramon Llull) que, por impulso de la renovada Comisión de Cultura municipal, se levantaron entre 1918 y 1922 y que por el advenimiento de la I Dictadura en 1923 no fueron inaugurados hasta 1931, ya en la II República. El grupo Collaso i Gil fue proyectado catorce años después, cuando parecía superada la corriente novecentista evocadora de la arquitectura culta rural que inspiró aquellos edificios escolares. El cambio, no obstante, fue sólo de lenguaje formal, ya que los programas funcionales y las respuestas espaciales correspondientes apenas cambiaron.

El edificio de la calle Sant Pau, que lleva el nombre del filántropo Josep Collaso –que lo costeó para remediar la falta de escuelas en aquella barriada obrera, vecina a la iglesia románica de Sant Pau del Camp–, está resuelto en tres cuerpos dispuestos en forma de U alrededor de un patio. La planta semisótano se destina a sala de actos; la planta baja a aulas de maternales, comedores y despachos; los tres pisos siguientes a aulas y el superior, retranqueado respecto a la línea de fachada, a salas de artes plásticas.

La construcción, inspirada formalmente en la arquitectura escandinava contemporánea, que Goday conocía bien, tiene fachadas de obra vista que combinan una tendencia a la simplicidad volumétrica con una riqueza y variedad de aparejos y recursos formales propios de la fábrica de ladrillo.

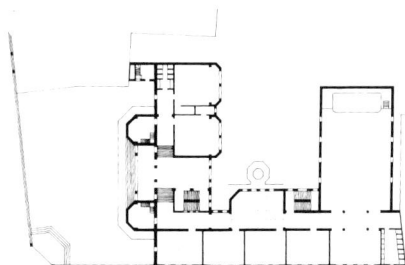

15
Jardines de la plaza Francesc Macià

1928-1934

Nicolás María Rubió Tudurí, arquitecto

Bus 6, 7, 33, 34, 66

Rubió Tudurí, una de las personalidades más sugestivas de la cultura catalana de este siglo, aprendió jardinería al lado de J.C. Forestier, en la preparación de la Exposición Internacional de 1929. Incorporado al Ayuntamiento como jefe del departamento especializado –cargo que ocuparía durante más de veinte años– creó un conjunto de jardines que hemos de considerar como una de las más interesantes aportaciones de la arquitectura catalana de este período.

Frente a los jardines geométricos de tradición francesa, Rubió revalorizó el jardín paisajístico de tradición mediterránea. La solución dada a la isla central de la plaza Francesc Macià supuso en Barcelona el punto de partida de esta nueva concepción del jardín urbano.

Rubió propugnó también que la jardinería ayudara a definir espacios urbanos y a poner en valor la arquitectura en cuyo entorno se situaba. Son buenas muestras, los jardines de Eduard Marquina (Turó Park), obra de 1934 (donde se exhiben esculturas de, entre otros, E. Cerdan y Borrell Nicolau), los del Palacio Real de Pedralbes (realizados en 1925), o la plaza de la Sagrada Familia, ante la fachada de la Pasión del templo.

El lado norte de la plaza Francesc Macià se cierra con dos edificios de carácter monumental, contemporáneos de los jardines, las casas Ferrer-Cajigal, en los números 1-5 y 6, proyectadas en 1928 por el arquitecto Josep Rodríguez Lloveras, que adoptan la planta curva de la plaza.

16
Casa Jaume Espona   1933-1935

C/ Camp d'en Vidal, 16; c/ Aribau, 243
Raimon Duran Reynals, arquitecto
Bus 58, 64

Duran Reynals, excelente arquitecto cuya valoración debe hacerse al margen de la adscripción a lenguajes o escuelas, formó parte del GATCPAC, pero sólo cultivó los postulados estéticos del grupo ocasionalmente y, a menudo, mientras realizaba otras obras bien distintas en sus aspectos formales. El repertorio racionalista, por otra parte, en manos de Duran Reynals se ponía al servicio de una composición de profunda raíz clasicista lo que hace que su obra cercana al racionalismo sea, posiblemente, la más bella y elegante que el movimiento dejara en Barcelona.

La obra que expresa mejor esta experiencia de Duran próxima a la ortodoxia racionalista, algo más cercana a Sert y a Rodríguez Arias que el resto de su producción de esta época, es la casa para Jaume Espona. Una casa «sin cornisas ni molduras neoclásicas», –en palabras de Nicolás Rubió Tudurí– «pero sí con una innegable inspiración interna de serenidad, de pureza formal y de armonía».

También son fruto de este período de la producción de Duran cercana al racionalismo, la casa Francisca Espona, de la calle Muntaner, 368 (1932), la casa Barangé, unifamiliar, de la calle Monestir, 22 en Pedralbes (1932-1934), y la casa Cardenal, de la calle Roger de Llúria, 132-138, esquina Còrsega, 364 (1935), contemporánea y casi vecina de la otra casa Espona de ascendencia clasicista.

Casa Cardenal.

17
Casa Espona   **1935**
C/ Roger de Llúria, 124; c/ Rosselló, 281 bis
Raimon Duran Reynals, arquitecto
Bus 20, 21, 39, 45, 47. Metro L3, L5 (Diagonal)

Al mismo tiempo que la racionalista vecina casa Cardenal, Duran proyectó esta obra, quizá la mejor de su dilatada producción, que había de convertirse en modelo de gran parte de la arquitectura barcelonesa de la posguerra.

A la perfecta composición de la fachada (con la elegante utilización de elementos de tradición clásica en puntos singulares –zócalo, cornisa, aristas, ventanas–, la equilibrada proporción entre macizos y vanos, y el juego cromático del ladrillo y la piedra) –bases del academicismo tan personal desarrollado por Duran–, habría que añadir como aciertos de esta obra las distribuciones interiores, de un funcionamiento óptimo y de gran calidad ambiental.

Otras obras posteriores de Duran en esta línea son la casa Dolors Marsans, c/ Vico, 21 (1942), la recientemente derribada casa Rosal, Via Augusta 217-223 (1944), y las viviendas de la Av. Pedralbes, 58, 64 y 66 (1947-1949). Rubió Tudurí escribió en referencia a la casa Marsans: «Los arquitectos ingleses del Renacimiento procuraron llevar las formas latinas a Inglaterra... ahora Duran Reynals trae a un país latino las formas inglesas. El resultado de esta doble adaptación es, en manos de Duran, admirable.»

De otros arquitectos cabe citar las viviendas de la calle Francesc Pérez Cabrero, 5-9 (1944-1948), c/ Josep Bertrand, 11 (1946), y Via Augusta, 173 (1949), las tres de Francesc Mitjans; el edificio de F.J. Barba Corsini en el paseo Bonanova, 105-107 (1949), y la casa Llacuna, de Antoni Fisas de la calle Valero, 12 (1949).

18
Casa Bloc   1932-1936

Paseo de Torras i Bages, 91-105
José Luis Sert, Josep Torres Clavé y Joan B. Subirana, arquitectos
Bus 35, 40, 73, 203. Metro L1 (Torras i Bages)

Este grupo de viviendas para obreros, junto con el dispensario antituberculoso, constituyen las obras más representativas del GATCPAC, especialmente significativas por cuanto dan fe de la relación que se estableció entre la política del gobierno autónomo de Cataluña durante la II República Española y los contenidos renovadores de la vanguardia arquitectónica.

La Casa Bloc es un edificio de 107 viviendas que fue encargado por el Comisariado de la Casa Obrera de la Generalitat de Catalunya, como alternativa a los dispersos barrios obreros de casas aisladas. La planta en forma de doble «U» y las viviendas desarrolladas en dos niveles, recrean los postulados teóricos de Le Corbusier para los *Immeubles-villas*.

Además de los aspectos higiénicos y de confort de las viviendas (ventilación a dos fachadas, corredor de comunicación junto a la fachada menos soleada, donde se situaban los baños y las cocinas, etc.), la Casa Bloc ofrecía otras ventajas, como los servicios colectivos de guardería infantil, biblioteca, club,

práctica deportiva, etc. La guerra civil de 1936-1939 impidió que se llevaran a cabo estas instalaciones y, una vez acabada la contienda, el edificio fue ampliado con otro bloque destinado a viviendas de la policía.

Desde 1985, la Diputación de Barcelona –actual propietaria del edificio primitivo– realiza obras de restauración y de adaptación a los requisitos de habitabilidad exigibles hoy, obras que dirige el arquitecto Jaume Sanmartí.

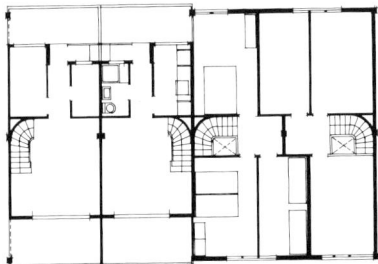

Planta tipo.

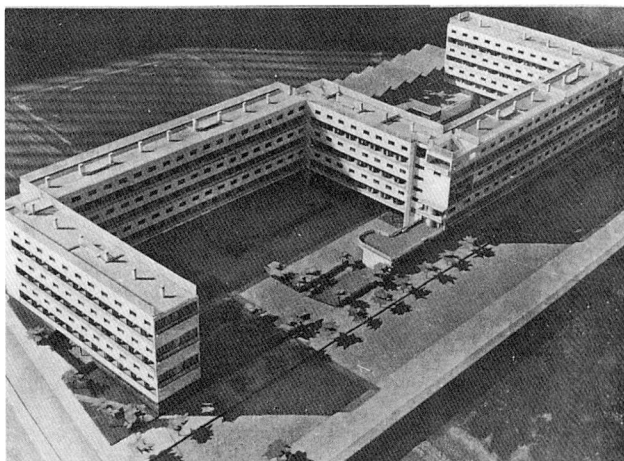

Maqueta.

19
Dispensario antituberculoso   1934-1938

Pasaje Sant Bernat, 10; c/ Torres i Amat, s/n
José Luis Sert, Josep Torres Clavé y Joan B. Subirana, arquitectos
Bus 24, 41, 50, 54, 55, 64, 66. Metro L1, L2 (Universitat)

El dispensario se construyó dentro de la trama del distrito V, el más denso e insalubre de Barcelona. Las ideas urbanísticas del GATCPAC para estos núcleos antiguos consistían en vaciar estratégicamente partes depauperadas del tejido construido para lograr la entrada de luz y aire y disminuir las agobiantes densidades de población. Al recibir el encargo del Ayuntamiento de proyectar este edificio, se acrecentaron también las esperanzas de poner en práctica los postulados del grupo en materia de socialización hospitalaria.

En un solar irregular se disponen en forma de L dos bloques contenedores de las diferentes instalaciones asistenciales y se reserva el espacio sobrante para jardín y los terrados para terrazas-solarium. El sistema constructivo diferencia la estructura metálica y los paramentos que limitan los diferentes espacios, así como los elementos tales como escaleras, porches, zócalo de la planta baja, etc., de la misma manera que se diferencian y articulan las diferentes partes del edificio, según la función que realizan.

Entre 1982 y 1992 se restauró el edificio por parte del Departamento de Sanidad y Seguridad Social de la Generalitat de Catalunya, bajo la dirección de los arquitectos Mario Corea, Francisco Gallardo, Raimon Torres y Edgardo Mannino. Se recuperaron elementos obsoletos y se incorporaron otros más acordes con las nuevas exigencias de confort. El edificio acoge hoy el Centre d'Atenció Primària Dr. Lluís Sayé.

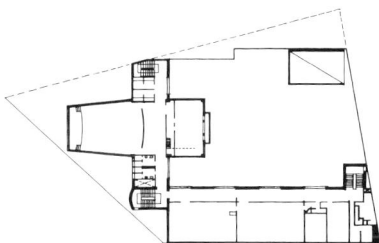

20
Parroquia de Santa Teresa
del Nen Jesús   1932-1940

Via Augusta, 72
Josep Domènech Mansana, arquitecto
Bus 16, 17, 22, 24, 28. FF.CC. Generalitat (Gràcia)

Domènech Mansana era hijo de Domènech Estapà, autor de destacadas obras de la mejor arquitectura ecléctica barcelonesa a caballo de los dos siglos, algunas de las cuales –como el convento de carmelitas en la av. Diagonal– tuvo él que acabar. Realizó una prolífica obra de notable calidad (en buena parte por encargo de la Administración pública), obra que en lo estilístico se vio marcada por el sello de cada época –desde los historicismos medievales y el Modernismo, a las fórmulas de arquitectura popular preconizadas durante el *Noucentisme*.

En 1932 realizó el proyecto para la nueva parroquia de Santa Teresa cuya construcción, por causa de la guerra civil de 1936-1939, quedó paralizada al alcanzar los muros cuatro metros de altura. El edificio se terminó de construir en 1940, aunque hasta la década de los sesenta prosiguieron las obras y el equipamiento, y no fue hasta bien entrada esa década que se completó la casa rectoral vecina.

La fachada, totalmente aplacada de piedra arenisca bicolor y de una gran fuerza expresiva, tiene como eje de composición el gran campanario, que se eleva en el mismo plano de fachada, y el portal de acceso con el arco de medio punto desplegado en arquivoltas. En el exterior del edificio se acusan los ecos de la arquitectura nórdica, especialmente la del finlandés Eliel Saarinen y la del danés Jensen Klint. La decoración de las tres naves interiores, sin embargo, muestra una concepción más convencional, de gusto neoclásico.

21
Edificio de viviendas　　　　　　　　**1934-1940**

Av. de la Diagonal, 419-421; c/ Enric Granados, 126
Ricardo de Churruca Dotres, arquitecto
Bus 6, 7, 15, 27, 30, 33, 34

Churruca fue uno de los fundadores del GATCPAC y ejerció en el grupo el cargo de bibliotecario, junto con Rodríguez Arias, que compartiría con él también la dirección de este conjunto de casas de la avenida Diagonal.

La concepción volumétrica y la formalización de fachadas manifiesta claramente la tendencia expresionista cultivada por Churruca dentro de un racionalismo poco ortodoxo. Cada fachada sigue un esquema de composición distinto, situándose los cuerpos de las terrazas voladas en diferentes ejes (sólo el cuerpo del chaflán de la calle Enric Granados mantiene un criterio de simetría), pero con un resultado unitario, al que contribuye el estucado uniforme de los paramentos. El conjunto está concebido como bloques de viviendas aislados y

se acomoda a la trama urbana del Ensanche y, sin perder la alineación existente, se abre por uno de los lados conectando el interior de la manzana con la calle.

Churruca construyó también la casa Conill, en la calle Iradier, 3 (1935). Del grupo de obras realizadas en Barcelona en esos años por arquitectos que, siguiendo a Oriol Bohigas podíamos denominar «racionalistas al margen» (por su alejamiento de la ortodoxia del GATCPAC), podemos citar la casa Estradé, de la calle Santaló, 70, de 1926; la casa Vilà de la Riva, de la calle Balmes, 392-396, obra de Josep M. Sagnier Vidal (1935-1942), y la casa Dallvé, en el número 166 de la misma calle, obra de Ricard Ribas Seva (1934-1936).

22
Clínica Barraquer   **1934-1940**

C/ Laforja, 88; c/ Muntaner, 314
Joaquim Lloret Homs, arquitecto
Joaquim Barraquer, oftalmólogo
Bus 58, 64. Metro FF.CC. Generalitat (Muntaner)

Para comprender el aspecto exterior primitivo de este sorprendente edificio, el espectador debe imaginarlo sólo de planta baja y tres pisos (el último, formado por dos alas retrasadas a ambos lados de un volumen circular tangente a la alineación del chaflán y coronado por una potente cornisa). También debe eliminar los pilares que, superpuestos, recorren la fachada verticalmente cortando los vanos horizontales, inicialmente continuos, torpe modificación introducida cuando la clínica se amplió en altura en la década de los setenta.

A pesar de esa desafortunada reforma (la necesaria ampliación pudo resolverse con más sensibilidad, pero para entonces el viejo profesor Barraquer ya había fallecido), el edificio mantiene sus indiscutibles valores espaciales y su gran atractivo por su notable diseño y la perfecta armonía que sus autores, el arquitecto y el oftalmólogo –que trabajaron juntos la idea y muchos de los detalles–, consiguieron entre arquitectura, ornamentación y mobiliario.

Los elementos decorativos que ilustran las salas comunes, así como el diseño de puertas, escaleras y lámparas tienen una clara referencia, aún, a la iconografía del Art Déco.

El arquitecto Lloret, en otras obras posteriores se decantaría por los eclecticismos monumentalistas. Así cabe considerar la casa F.S. en el número 462 de la calle Muntaner, y el conjunto del «Rancho Grande», en la Via Augusta, 170-180 (1940-1944).

Fachada antes de la reforma de los años setenta.

23
Edificio Fàbregas
(rascacielos Urquinaona)　　　　　　1935-1944

C/ de les Jonqueres, 18; c/ Trafalgar; plaza Urquinaona
Luis Gutiérrez Soto (proyecto) y
Carlos Martínez Sánchez (dirección), arquitectos
Bus 16, 17, 19, 39, 41, 42, 45, 47, 55. Metro L1, L2, L4 (Urquinaona)

El arquitecto madrileño Gutiérrez Soto construyó la mayor parte de su obra en su ciudad natal. Entre 1928 y 1939 –etapa en la que proyectó su única obra en Barcelona– cultivó, con una actitud ecléctica, el lenguaje racionalista. Después de la guerra civil optó, en la arquitectura pública, por un academicismo de raíz escurialense (como en el Ministerio del Aire en Madrid, de 1948, conocido irónicamente como «monasterio del Aire») y, en la arquitectura residencial, por una versión personal, también de calidad, aunque alejada ya del lenguaje moderno que con tanta habilidad había utilizado en el proyecto del edificio Fàbregas.

La construcción de este primer «rascacielos» barcelonés, de 15 plantas destinadas a oficinas (las cinco primeras) y a viviendas, se inició en 1936, poco antes de estallar la guerra. Paralizado por este motivo, no se terminó hasta 1944.

De acuerdo con la forma del solar, el edificio se planteó en tres cuerpos, uno de ellos curvo, alrededor de un patio triangular en cuyos vértices se sitúan las comunicaciones verticales y al que ventilan todas las dependencias sanitarias y de servicio. En el exterior, un cuerpo volado de directriz curva con terrazas superpuestas asume la máxima expresividad formal del edificio, en el punto en que éste mira a la plaza.

Carlos Martínez es autor de otro interesante edificio de viviendas resuelto también en sintonía con el lenguaje próximo al racionalismo, el de la Via Augusta, 12 (1932).

24
Edificio de la Cia. Anònima de
Filatures Fabra & Coats
1941-1944

C/ Bruc, 50; Gran Via de les Corts Catalanes, 676
Raimon Duran Reynals, arquitecto
Bus 7, 18, 45, 47, 56

Duran, siguiendo en la línea academicista iniciada en la casa Espona, proyecta ya en la posguerra una serie de edificios cuyo carácter comercial le induce a incorporar elementos de la arquitectura ecléctica americana, pero siempre con esa libertad compositiva que otorga a su clasicismo un sello muy personal. En estos edificios, casi siempre de fachadas de piedra artificial blanca, prevalece el esquema vertical de los vanos, reforzado a base de pilastras o resaltes a toda altura y en los que perdura a la vez la división clásica en tres franjas horizontales marcadas por las impostas y cornisas.

El edificio de Fabra & Coats, el de la Cía. Anónima de Actividades Varias (Marià Cubí, 10-22, 1950), la casa Mercè Imbern de Cardenal (Ferran Agulló, 10, 1945), la Torre Muñoz (paseo de Gràcia, 105, 1949-1952) y la casa Damians (Balmes, 96, 1954), son obras en las que se ponen de manifiesto no sólo la calidad de Duran como diseñador, sino también su profesionalidad en el conocimiento constructivo.

Entre 1939 y 1949, Duran trabajó en la iglesia de María Reina (carretera d'Esplugues, 103), iniciada en los años 20 por Rubió Tudurí. Realizó el campanario, de acentuado carácter renacentista, el baldaquino y la capilla del Santísimo.

El arquitecto Francesc Mitjans, seguidor de Duran en todas sus líneas academicistas, también dio réplica a las obras antes mencionadas: los edificios de la calle Balmes, 182 (1945-1948), y de la ronda del General Mitre, 140 (1947-1949).

Campanario de la iglesia de María Reina.

25
Edificio de viviendas

1941-1943

C/ Amigó, 76
Francesc Mitjans Miró, arquitecto
Bus 14. FF.CC. Generalitat (Muntaner)

Se trata de un edificio extraordinario –por el contexto cultural, la novedad en la ciudad de las soluciones propuestas y su influencia posterior–, que bien pudiera constar como uno de los pioneros de una nueva etapa de la arquitectura catalana en contacto otra vez, a pesar del aislamiento, con las vanguardias europeas. Por su cronología, sin embargo, y por la ausencia, quizá, de una expresa voluntad de modernidad, (es una obra «más "espontánea" que moderna», dijo su autor), debe ser analizado en esta etapa que ahora comentamos.

El arquitecto Mitjans, que al mismo tiempo producía obras, en lo formal, muy cercanas al clasicismo de Duran Reynals, llegará a soluciones muy distintas a partir de la reflexión sobre otro de los aspectos básicos de la obra de

Duran, la idoneidad de la planta. Al huir del esquema de vivienda del Ensanche (que aquí no servía), busca «una planta más funcional», lo que produce una «fachada más libre y abierta», con la introducción de la terraza corrida por primera vez en las viviendas barcelonesas. En los interiores (vestíbulo, escalera, carpintería, ornamentación), aún se mantiene, sin embargo, el peso de la tradición academicista.

Dentro de esta línea, Mitjans realizó después las viviendas de Mandri, 2-6 (1950-1952) y Vallmajor, 26-28, esquina c/ Freixa, 37 (1952-1954), y la clínica del Dr. Soler Roig, de la calle Vallmajor, 25 (1952-1954, ampliada en 1991)

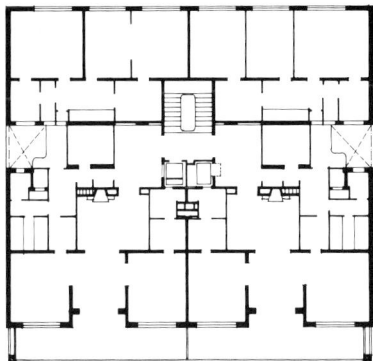

26
Banco Vitalicio de España   26
1942-1950

Paseo de Gràcia, 11; Gran Via de les Corts Catalanes, 632
Lluís Bonet Garí, arquitecto
Bus 7, 22, 24, 28. Metro L1, L2, L3 (Catalunya)

Lluís Bonet Garí, discípulo de Gaudí en el taller de la Sagrada Familia, fue uno de los gaudinistas que se encargaron, después de la muerte del maestro, de mantener vivos algunos aspectos de su legado. Su obra civil y residencial, sin embargo, está muy alejada de aquellos planteamientos y mucho más próxima a los eclecticismos clasicistas, que con mesurada monumentalidad supo utilizar dando muestras de conocimiento constructivo y sensibilidad formal.

Este es el caso del edificio del Banco Vitalicio de España formado por cuatro cuerpos de estructura independiente (resuelta en hormigón armado «para dar al edificio –dice la memoria– una complexión homogénea desde las cimentaciones hasta el coronamiento»),

correspondientes a tres casas destinadas a viviendas y oficinas y una sala de espectáculos, situada en el interior de la manzana, con acceso a través de una galería comercial que recorre toda la planta baja y que recibe luz natural desde un pequeño patio-jardín.

Las fachadas son de doble pared de ladrillo, trasdosada la exterior con granito gallego en la planta baja y piedra arenisca de Montjuïc en el resto de elementos. El cuerpo central del chaflán, coronado por volúmenes decrecientes, alcanza los 75 metros de altura.

Son obras de Bonet Garí la casa Patxot (c/ Monestir, 12, 1942) y el Instituto Nacional de Previsión (Gran Via de les Corts Catalanes, 587, c/ Balmes, 20), proyectado en 1947.

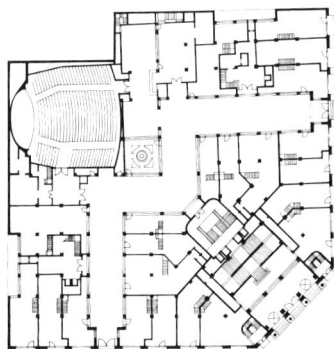

27
Bloque CLIP

1949-1952

C/ Còrsega, 571-597; c/ Lepant, 334-348;
c/ Indústria, 122-136; c/ Padilla, 301-317
Raimon Duran Reynals, arquitecto
Bus 15, 19, 20, 45, 47, 50

Edificio que ocupa toda una manzana del sector del Ensanche sesgado por la avenida Gaudí (que une el Hospital de Sant Pau con la Sagrada Família), construido cuando esta zona empezaba a consolidarse como barrio. Se trata de una manzana cerrada y unitaria, de volumetría compacta y patio central, a modo de agrupación simultánea de casas entre medianeras arropadas por una fachada común sin solución de continuidad.

Cada casa contiene cuatro viviendas por rellano, dos abiertas a la fachada exterior y dos a la del patio central. Por las fachadas ventila la sala-comedor y el dormitorio principal y las demás piezas lo hacen a través de pequeños y oscuros patios de escaleras y servicios.

Este singular edificio-manzana (en cuyo proyecto parece ser que colaboraron los arquitectos Raimon Duran y Antoni Fisas) marca una inflexión en la evolución local de la arquitectura residencial. Desde el punto de vista urbanístico supone la última manifestación de una concepción ya superada (estaba a punto de iniciarse entonces la manzana de la calle Escorial). Desde el punto de vista formal, su lenguaje academicista, correcto pero ya retórico, anuncia el agotamiento de una fórmula que pronto no va a sevir.

Una operación urbana contemporánea similar, con una solución de manzana más innovadora, es el bloque de viviendas construido para la Caixa de Pensions en las calles Andrade, 155-175 y Concili de Trento, proyectado por Manuel Cases Lamolla (1950-1954).

Viviendas en la calle Andrade, 155-175.

43

28
Parroquia de la Mare de Déu
dels Àngels

1942-1957

C/ Balmes, 78; c/ València, 244
Josep Danés Torras, arquitecto
Bus 7, 16, 17

En 1936, al inicio de la guerra civil, muchos templos de Barcelona fueron destruidos o dañados. En la posguerra se acometió por parte del nuevo régimen una gran actividad de reconstrucciones, así como de obras de nueva planta, que reflejaron también la diversidad de criterios arquitectónicos del período *noucentista*.

Algunas de las nuevas construcciones siguieron, con mayor o menor literalidad, la línea de tradición florentina iniciada por Rubió Tudurí y otros arquitectos novecentistas catalanes antes de la guerra. Así se concibieron la iglesia del Perpetu Socor, de Joaquim Porqueras Bañeres (Balmes, 98, 1950); la de Sant Miquel dels Sants, de Antoni Fisas (Escorial, 163, 1950-1963) y la de Montserrat, anexa al convento de los Capuchinos de Sarrià, obra de Pere Benavent de Barberà (1936-1962).

Por su parte, la iglesia de la Mare de Déu dels Àngels, situada en un chaflán del Ensanche, si bien concebida con un planteamiento tipológico muy similar, intenta recuperar otros lenguajes de antes de la guerra más relacionados con las vanguardias, con claras alusiones al Déco o a arquitecturas del norte de Europa, especialmente en la fachada principal, con la introducción de grandes ventanales verticales y, sobre todo, en la de la torre campanario, realizada en piedra.

Josep Danés es autor de la reconstrucción de la iglesia de Santa Maria de la Bonanova (plaza de la Bonanova, 12-14, 1940-1950), inspirada en las basílicas paleocristianas.

1951-1977

Transcurrida una década desde el final de la Guerra Civil española y a poco más de un lustro de acabada la Segunda Guerra Mundial, se perciben en Cataluña los primeros síntomas de renovación de la arquitectura. Los viejos esquemas y lenguajes ya no seducen a las nuevas generaciones de profesionales y pronto dejarán de ser útiles a los promotores. Los primeros logros del titubeante progreso de una autárquica industria de la construcción van a permitir nuevos planteamientos. El resultado será una arquitectura digna y eficaz, de lenguajes diversos, caracterizada por un razonable equilibrio entre creatividad, adaptabilidad a los recursos técnicos y económicos y respuesta válida a sus objetivos.

El punto de partida de esa renovación se ha situado por la crítica habitual en el llamado «Grupo R», nacido poco después de que los arquitectos catalanes, por primera vez desde la guerra, recuperaran el espíritu de debate y colaboración gracias al concurso convocado por el Colegio de Arquitectos de Cataluña y Baleares para resolver el problema de la vivienda en Barcelona. El 21 de agosto de 1951 –en el estudio de los arquitectos José Antonio Coderch y Manuel Valls, con la asistencia de Oriol Bohigas, Joaquim Gili, Josep Martorell, Josep Pratmarsó, Josep M. Sostres y Antoni de Moragas–, se constituyó la primera junta directiva del grupo que definiría como finalidad primordial «el estudio de los problemas del arte contemporáneo y en especial de la arquitectura», a fin de superar la desorientación a la que el país había llegado ajeno como estaba a la recuperación que vivía Europa.

Durante una década, el grupo tuvo una actividad irregular, pero eficaz. En su disolución influyó la diversificación de tendencias conceptuales y formales: «A diferencia del GATCPAC –dijo Antoni de Moragas en un escrito en *Serra d'Or* del año 1961–, al Grupo R le ha faltado unidad. Cada uno ha escogido su propio estilo...» Quizá también faltó quien hiciera de palo del almiar. José Antonio Coderch de Sentmenat pudo ejercer esa función. Pero su simpatía por el régimen en el poder alzó entre él, algunos compañeros y la crítica una barrera que resultó insalvable y se retiró pronto del grupo. Oriol Bohigas –que llegaría a ser una de las personalidades más atractivas y contradictorias de la cultura catalana de la segunda mitad del siglo– era entonces quizá demasiado joven, quizá demasiado combativo, para asumir ese papel aglutinador.

La arquitectura de los cincuenta

Pero la «arquitectura de los cincuenta» (la mejor denominación encontrada hasta ahora para definir el conjunto de esa producción no encasillable) no fue patrimonio exclusivo de la vanguardia, menos aún de un grupo. Fue un fenómeno más amplio que se manifestó tanto en la vivienda o la industria de promoción privada como en la arquitectura pública. Muchos ejemplos, sin embargo, por pertenecer a arquitectos o promotores con concomitancias –ciertas o atribuidas– con el poder, no han recibido hasta hace bien poco la atención merecida. Sirva de ejemplo el insólito retraso en valorar el altar levantado en la plaza de Pius XII para el Congreso Eucarístico Internacional de 1952 o la producción de Manuel Baldrich, autor de la iglesia de los Hogares Mundet, una obra maestra de este cuarto de siglo.

El fin de la autarquía alteró el panorama de nuestra arquitectura. El desarrollo incontrolado en la España de los años sesenta –que propició tantos despropósitos en los centros históricos y la malformación de los barrios periféricos– incubó una pobre arquitectura definida sólo desde el máximo beneficio, plaga que Barcelona sufrió de forma especial por su protagonismo en aquel desarrollo económico. En este fenómeno participaron –desde las ventajas del poder o desde fuera de él– muchos de los arquitectos que en la década anterior habían colaborado en el renacer de la arquitectura, lo que dejó en manos de una minoría sensibilizada el mantenimiento de un nivel aceptable de dignidad.

Esta situación favoreció que entre esta minoría se radicalizaran unos planteamientos –presentes en otras culturas europeas contemporáneas y en el propio Grup R– respecto, no sólo de los aspectos disciplinares de la arquitectura, sino incluso de su papel como revulsivo social. El escrito de Oriol Bohigas, aparecido en 1957, «Elogio de la Barraca», en el que denuncia los programas de vivienda de protección oficial que no consiguen, dice, sino instituir la segregación social y urbana de los inmigrantes, y los publicados poco después, «Elogi del totxo» y «Cap a una arquitectura realista», anuncian esta radicalización.

El *realisme*, reflejo catalán de un sentir cuajado especialmente en Italia, se plantea ahora como una propuesta teórica beligerante, como una actitud ética de protesta testimonial desde la arquitectura, que asumía así un papel social más allá de su misión genuina, e

Altar del Congreso Eucarístico Internacional. 1952. Josep Soteras Mauri, arqto.

Casa de la Marina. 1954. J.A. Coderch de Sentmenat, arqto. (interior del piso muestra).

incluso como corriente formal, al propugnar que se manifieste en el retorno a los valores artesanales tradicionales de la arquitectura desdeñando la engañosa utopía de una sociedad industrializada.

(Una paradoja de este realismo fue que sus principales definidores –defensores de un «respeto por el auténtico proceso constructivo»–, fueran los responsables poco después de que la enseñanza en la Escuela de Arquitectura de Barcelona optara por el camino del «proyecto» como ejercicio abstracto al margen del conocimiento constructivo, con las terribles consecuencias que ello ha tenido para la arquitectura catalana del último cuarto del siglo XX. ¿No sería el realismo una renuncia a asumir la evolución del conocimiento constructivo después de la Segunda Guerra Mundial, y el refugio en un «proceso constructivo tradicional» que, en el fondo, tampoco se llegó a dominar nunca?)

En el polo opuesto del realismo como corriente formal cabe considerar, como más significativa en aquellos años en Barcelona, la obra de los arquitectos Josep Maria Fargas y Enric Tous, empeñados en aportar a la cultura arquitectónica local las ventajas de la tecnología. Aunque su obra tuviera que conformarse con ser, más que el fruto de una real industrialización, una cuidadosa artesanía de lenguaje tecnológico, tuvo resultados de gran interés.

A mediados de la década se produce en Cataluña, y en especial en Barcelona, un acercamiento al Neo-Liberty milanés, en el marco de la voluntad de integración de la arquitectura y el entorno urbano. El principal avalador de esa influencia de la arquitectura italiana en la catalana de los años sesenta es Federico Correa, discípulo de Coderch, cuya personalidad es fundamental para explicar aquel período y su influencia posterior. A través de su magisterio como profesor de composición en la Escuela de Arquitectura de Barcelona, Correa difundió una comprensión particular de las relaciones entre forma, función y «ambiente» –relación latente en su obra– que iba a marcar a toda una generación de arquitectos catalanes.

Como consecuencia de estas influencias y de una búsqueda común del control del proyecto para alcanzar «la calidad de cada punto de la obra» a partir de un repertorio formal limitado, se detectarán en las obras de los despachos de Correa y Bohigas y de algunos alumnos o antiguos colaboradores, unos resultados próximos que conformarían una llamada «Escuela de Barcelona», de difícil definición ya que las concordancias se extendían al replanteamiento del papel que en el nuevo contexto socio-económico tenía la arquitectura después de la crisis en que había entrado, e incluso en la proximidad de las actitudes sociales de sus partícipes (único nexo aparente, por otra parte, entre estos arquitectos y los realizadores cinematográficos de la escuela homónima).

Casa de la Meridiana. 1959-1966. O. Bohigas, J. Martorell, D. Mackay, arqtos.

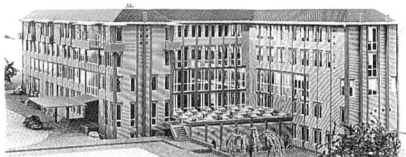

Edificio ESADE (maqueta). Federico Correa Ruiz.

Casa de la calle Biscaia, 340. Vestíbulo. 1969-1970. Antoni de Moragas, arqto.

Dos de los más jóvenes partícipes de aquella «escuela», Òscar Tusquets y Lluís Clotet, aportarían pronto un nuevo aliento a la arquitectura catalana. Su Casa Fullà (1967-1971), la contemporánea Casa Penina de Cardedeu o, más aún, la casa Regàs de Llofriu en el Ampurdán (1971-1972) supusieron una ruptura «desde dentro» con la cultura arquitectónica que nace en el Grup R y llega a su generación a través de la «Escuela de Barcelona». Y una vez más, la ruptura no se referirá sólo a la definición de la arquitectura, sino también al papel social del arquitecto. Refugiados algunos de ellos en la laxitud de la *gauche divine*, los arquitectos empezarán a

Edificio de viviendas. Nuñez y Navarro. c/ Calàbria, 162-164. 1959-1960.

Fachada de la Pasión de la Sagrada Família. L. Bonet Garí e I. Puig Boada, arqtos. Estado de las obras en marzo de 1972.

abandonar su compromiso social para encerrarse en el círculo vicioso del diseño, otro anuncio de lo que le esperaba a la arquitectura barcelonesa en el último cuarto del siglo XX.

La otra historia

Pero junto a esta historia disciplinar que sigue el hilo conductor de las tendencias más reconocidas por la crítica –a menudo, juez y parte– son imprescindibles otras lecturas si se quiere llegar a comprender la globalidad de la evolución de la arquitectura de Barcelona en el período que ahora estudiamos. Convendría analizar fenómenos importantes para la ciudad a menudo orillados por las circunstancias de la promoción o, simplemente, porque sus resultados no son homologables con ese concepto tan difícil de definir como es la «arquitectura culta». Por ejemplo: la obra de la constructora Núñez y Navarro, interesante no sólo por la incidencia en el paisaje urbano de su amplísima producción, sino por razones sociológicas y constructivas.

El éxito del constructor Núñez coincidente con una contestada etapa oscura de la historia política de la ciudad y el hecho cierto de que algunas de sus obras se proyectaran en solares ocupados por bellos edificios modernistas, algunos de los cuales cayeron (como la casa Trinxet de Puig Cadafalch), contribuyó a encasillar este fenómeno arquitectónico urbano entre los merecedores de un rechazo sistemático, por lo que no ha sido nunca estudiado como merece.

Tampoco podríamos olvidar que a lo largo de estos veinticinco años continúa activa la obra de la Sagrada Familia (¿qué ciudad escribiría la historia de su arquitectura sin referirse a la construcción de su catedral?), o del impacto urbano del desarrollo: los edificios que se llamaron «singulares», que en pocos años alteraron la ciudad ya para siempre, o las obras públicas urbanas (nudos circulatorios, avenidas deprimidas, etc.), no siempre rechazables desde el punto de vista de la calidad del diseño.

Incorporando algunos de estos fenómenos y dejando otros para el lugar que les corresponda ser analizados, a continuación se presentan, ordenadas cronológicamente, las obras más significativas del tercer cuarto del siglo XX.

29
Hotel Park

1950-1954

Av. Marquès de l'Argentera, 11
Antoni de Moragas Gallissà y
Francesc de Riba Salas, arquitectos
Bus 14, 39, 40, 51. Metro L4 (Barceloneta)

El proceso de proyecto y realización del Hotel Park coincidió con el descubrimiento y adhesión personal al Movimiento Moderno de Antoni de Moragas, persona culta y comprometida con su país, que a lo largo de toda su vida supo compaginar un ejercicio profesional cualificado con una presencia pública eficaz.

En 1949 Moragas realizó un primer proyecto –«de un aire más o menos ecléctico», según el testimonio de su hijo Antoni– que modificó en dos proyectos sucesivos (1950 y 1951) después de establecer contacto, en sus respectivos viajes a Barcelona, con Bruno Zevi, Gio Ponti y Alvar Aalto.

Si en el caso del Hotel Park se palpa la referencia al organicismo italiano –la ruptura de la tradicional concepción unitaria de la fachada, con la descomposición de planos y la potenciación de los elementos estructurales–, en otra obra contemporánea (considerada por algunos autores como el punto inicial de la arquitectura moderna de posguerra en Barcelona), el Cine Fémina (c/ Diputació, 259-261, 1951-1953, incendiado en abril de 1991), es patente la sintonía con Alvar Aalto, el arquitecto que más influyó en Moragas.

El hotel fue restaurado en 1990 bajo la dirección de Antoni de Moragas Spa, hijo de Moragas Gallissà, e Irene Sánchez. La obra se ejecutó de acuerdo con los planos de 1950, y se introdujeron sólo las adaptaciones imprescindibles. Las fachadas recuperaron los colores originales.

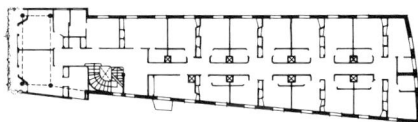

30
Casa de la Marina　　　　　　　　　1951-1954

Paseo Joan de Borbó, 43 (antes, Paseo Nacional)
José Antonio Coderch de Sentmenat y
Manuel Valls Vergès, arquitectos
Bus 17, 39, 45, 47, 59, 64. Metro L4 (Barceloneta)

La obra de José Antonio Coderch constituye el conjunto más sólido de la moderna arquitectura catalana de posguerra. Una obra empeñada en recuperar los valores (constructivos, espaciales, formales y ambientales) de la arquitectura vernácula consagrados por la tradición y, a la vez, en comulgar con los postulados del Movimiento Moderno.

Esta voluntad quedó claramente expuesta en la Casa de la Marina, primer aldabonazo de la modernidad –junto al Hotel Park y el Cine Fémina, de Antoni de Moragas– en el aletargado panorama de la arquitectura de aquel difícil momento. El programa de vivienda reducida de promoción pública ofrecía, por las características del solar, muchas dificultades, que fueron resueltas con una inteligente planta bien poco convencional. El tratamiento exterior se resolvió con una rotunda y atractiva alternancia de muros revestidos de cerámica y persianas de librillo de madera.

El edificio, mal conservado a lo largo de los años –que incluso llegó a perder algunos elementos, como la corona-ción de la fachada, esenciales para la comprensión del diseño original–, fue restaurado entre 1991 y 1992 bajo la dirección de los arquitectos Gustavo Coderch, Carles Fochs y Jaume Avellaneda.

El grupo de viviendas Cooperativa Obrera la Maquinista, de las calles Marquès de la Mina y Maquinista, en el mismo barrio de la Barceloneta, es también obra de José Antonio Coderch, realizada entre 1951 y 1953.

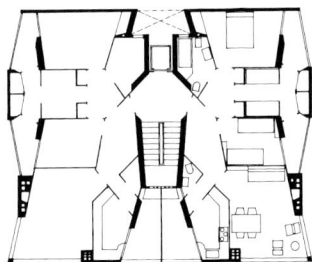

31
Edificio de viviendas 1954-1955

Av. de Pedralbes, 63
Raimon Duran Reynals, arquitecto
Bus 22, 64, 75. FF. CC. Generalitat (Reina Elisenda)

Con este edificio, cuyo proyecto realizó por encargo de la inmobiliaria Elisenda en julio de 1954, Duran recupera para su obra la herencia del Movimiento Moderno sin abandonar la sensibilidad clasicista siempre presente en ella, adaptada a las corrientes formales que se van imponiendo en la ciudad.

El esquema funcional de la planta, en la que se desarrollan dos viviendas de gran superficie, también se adapta a los nuevos requerimientos de la burguesía para este tipo de bloques aislados. Consiste en agrupar los accesos y servicios en un núcleo central situado en el eje de simetría del edificio y disponer en su perímetro las dependencias de estar y dormitorios, todas ellas abiertas al exterior, directamente o a través de amplias terrazas corridas con cerramientos de persianas abatibles. Los planos de fachada se han quebrado (se retranquean las esquinas y se retrasan los paños centrales para dar lugar a las terrazas), con lo que el volumen gana en movimiento y expresividad formal.

De este período cabe destacar dos obras de Duran, la casa Muntadas, en la calle Saragossa, 81 (1952), y el edificio de viviendas de la Av. del Paral.lel, 87-89 (1962).

En la misma avenida de Pedralbes, en los números 59-61, Francesc Mitjans construyó en 1957 un bloque de viviendas que tiene también ciertas similitudes con los de Duran, y en el que se hace evidente esa búsqueda de una nueva imagen de vivienda para la alta burguesía.

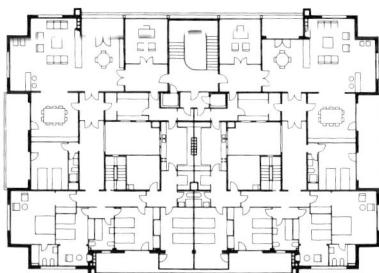

51

32
Viviendas del Congreso Eucarístico 1952-1961

Plaza del Congrés Eucarístic; c/ Felip II
Carles Marquès Maristany, Antoni Pineda Gualba y
Josep Soteras Mauri, arquitectos
Bus 18, 71. Metro L5 (Congrés)

La celebración en Barcelona del XXXV Congreso Eucarístico Internacional de 1952 fue una de las ocasiones aprovechadas por la ciudad en este siglo para poner un poco de orden en su crecimiento y completar algunas obras públicas. Uno de los legados más importantes fue el conjunto de viviendas sociales promovido por el obispo de la diócesis, Gregorio Modrego, para paliar su escasez en un momento de gran demanda debido a las oleadas de inmigrantes que llegaban entonces a Barcelona.

El 30 de mayo de 1952 se adquirió el primer millón de palmos cuadrados, al que poco después se añadieron más de tres hasta completar las 16,5 Ha donde debía alzarse aquella pequeña ciudad de 2.700 viviendas, comercios y equipamientos escolares, deportivos y religiosos dispuestos en una ordenación que combina manzanas abiertas y cerradas. Se trató de una de las operaciones urbanas más importantes que vivió la ciudad durante los años de la II Dictadura.

Quizá el resultado formal no fuera del todo convincente, pero deben valorarse los aspectos urbanísticos y sociales. El sistema de selección de los futuros habitantes y su distribución en el recinto en función del tipo y tamaño de la familia, la profesión y la procedencia geográfica, así como la dotación de servicios simultáneamente a la construcción de las viviendas facilitó pronto que en el barrio se diera una actividad cívica y cultural propias poco comunes en los polígonos que se construyeron en las décadas siguientes.

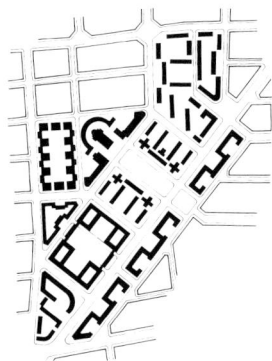

Planta del conjunto del barrio.

Planta tipo de una de las torres.

33
Grupo residencial Escorial   1952-1962

C/ de l'Escorial, 50; c/ de la Legalitat
Josep Alemany Juvé, Oriol Bohigas Guardiola,
Josep Martorell Codina, Francesc Mitjans Miró,
Josep M. Ribas Casas y Manuel Ribas Piera, arquitectos
Bus 21, 39. Metro L4 (Joanic)

La disposición de las viviendas en bloques aislados de poca profundidad edificable, con la consiguiente eliminación de patios interiores, permitió conseguir amplios espacios comunitarios –en los que se sitúan diversos servicios y zonas ajardinadas de reposo y juegos–, espacios conectados directamente con las calles circundantes, las cuales no pierden su carácter urbano ni sufren graves distorsiones al situarse los dos bloques perimétricos, de altura similar a los vecinos, siguiendo las primitivas alineaciones.

Ligeramente retrasado de la alineación de la calle Escorial, más ancha que las otras, preside y singulariza el conjunto un rascacielos prismático de hormigón visto y azulejería blanca que, en su concepción general (distribución en dos niveles de las viviendas, galerías de comunicación horizontal, núcleos aislados de comunicación vertical y servicios, etc.), recupera algunas de las propuestas tipológicas paradigmáticas del Movimiento Moderno olvidadas en la Barcelona de la posguerra.

La racionalidad y belleza de la ordenación y la calidad arquitectónica de los edificios de viviendas hacen de este conjunto una de las obras más interesantes de aquel período.

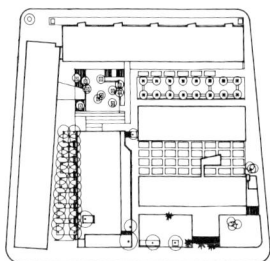

Planta general del conjunto.

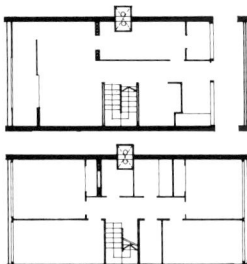

Plantas tipo de un dúplex.

34
Palacio Municipal de Deportes 1953-1955

C/ de la Guàrdia Urbana (antes de la Tècnica), s/n; c/ Lleida, 40
Josep Soteras Mauri, Lorenzo García-Barbón y
Fernández de Henestrosa, arquitectos; Frederic Folch, ingeniero
Bus 55, 57. Metro L1, L3 (Espanya)

Una muestra de aquella arquitectura que la crítica ha tardado muchos años en considerar –quizá porque fue promovida y proyectada desde instancias públicas durante la dictadura, quizá porque sus parámetros estéticos no respondían con suficiente exactitud a los postulados de las vanguardias–, es este palacio deportivo para 10.000 espectadores construido con motivo de la celebración en Barcelona de los II Juegos del Mediterráneo e inaugurado el 18 de julio de 1955.

Es el ejemplo más significativo de una arquitectura de moderada estética brutalista y llena de contradicciones asumidas: la estructura se hace aparente, pero transformada en ornamento o cubierta parcialmente con acristalados paramentos de fachada autónomos; los elementos tensados se acaban en redondeadas formas aparentemente distendidas, y el hormigón visto se oculta en parte bajo aplacados de piedra descaradamente decorativos.

Un elemento singular de este palacio es la estructura compuesta por ocho arcos triarticulados de hormigón armado de sección en doble T, fabricados a pie de obra y levantados luego hasta su posición definitiva, paralelos a la fachada principal, que salvan una luz de 65 metros y se esconden parcialmente en un techo de placas de hormigón y madera por lo que causan una sensación de gran esbeltez.

Soteras proyectó en 1957 el edificio de oficinas Luminor, en la plaza de Castella, 1-4.

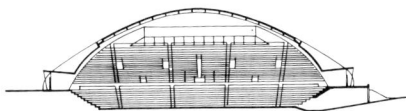

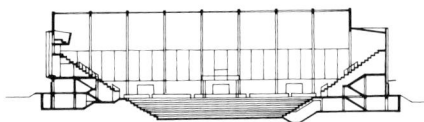

35
Estadio del Fútbol Club Barcelona   1954-1957

Travessera de les Corts, s/n; av. Joan XXIII
Lorenzo García-Barbón, Francesc Mitjans Miró y
Josep Soteras Mauri, arquitectos
Bus 15, 43, 54, 75. Metro L5 (Collblanc)

Es más que un estadio. Fue inaugurado el 24 de septiembre de 1957 y desde entonces –dado el papel social y ciudadano que siempre tuvo el F.C. Barcelona, el club propietario (del que dicen que es «mucho más que un club»)–, su significación colectiva supera la que se deriva de su esencial función deportiva. Su construcción –a cuyo servicio se pusieron unos recursos técnicos nunca utilizados en la ciudad– supuso la primera autoafirmación colectiva de los catalanes después de la guerra civil materializada a través de la arquitectura.

Tenía una capacidad de 90.000 espectadores, casi la mitad sentados, y fue construido en hormigón armado con interesantes soluciones estructurales que proporcionaban una gran expresividad a las fachadas, algunas de ellas acompañadas de bellas y aparatosas rampas de relativa funcionalidad pensadas para resaltar el carácter de modernidad que pretendía el club. La cubierta de la tribuna –de 40 metros de voladizo sobre las gradas–, está diseñada con notable acierto, aunque la solución estructural definitiva no fuera tan atractiva como la inicialmente proyectada a base de cables tornapuntados.

Con motivo de los Campeonatos Mundiales de Fútbol de 1982, fue ampliado hasta alcanzar un aforo próximo a las 120.000 localidades, reforma que afectó negativamente a las fachadas. En la ampliación intervinieron, además de Mitjans y de Soteras, los arquitectos Joan Pau Mitjans Perelló, Francesc Cavaller Soteras y Antoni Bergnes de las Casas.

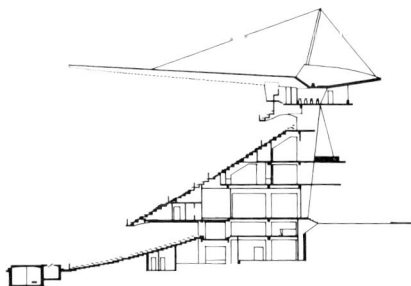

36
Hogares Ana G. de Mundet   1954-1957

Paseo de la Vall d'Hebron, s/n
Manuel Baldrich Tibau, arquitecto
Bus 27, 73, 76, 85. Metro L3 (Montbau)

La Diputación de Barcelona inició en 1927 en estos terrenos un edificio proyectado por Joan Rubió Bellver que había de sustituir a las dependencias de la Casa de Caridad del Raval. Las obras se paralizaron por motivos económicos cuando sólo se había realizado una tercera parte. En 1953, el arquitecto provincial Manuel Baldrich propuso a la corporación construir un conjunto residencial y asistencial para 3.000 personas, que pudo llevarse a cabo gracias a Artur Mundet, quien donó una importante cantidad de dinero para obras benéficas.

La topografía del terreno exigió una cuidadosa atención en lo que respecta a la disposición de los edificios para la consecución de secuencias y espacios exteriores de interés. Los servicios comunes, iglesia y la sala de actos, ocupan el eje geométrico del conjunto y forman el «centro cívico» de la nueva ciudad asistencial. El grupo de construcciones destinadas a ancianos y el que ocupaban los colegios para niños se sitúan en lugares diferentes.

La iglesia es el edificio más interesante del conjunto y una obra fundamental de este período de la arquitectura catalana. Baldrich recreó modelos de la arquitectura nórdica, especialmente de Alvar Aalto, no sólo en los aspectos espaciales y constructivos, también en el diseño de elementos complementarios y el mobiliario. En el templo hay obras escultóricas de J. M. Subirachs y de Eudald Serra, pinturas de Joan J. Tharrats y vidrieras de Jordi Domènech y Will Faber.

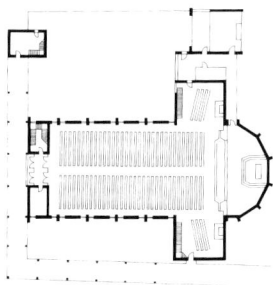

56

37
Edificio de viviendas

C/ Sant Antoni Maria Claret, 318-332
Antoni de Moragas Gallisà y
Francesc de Riba Salas, arquitectos
Bus 15, 19, 20, 45, 47, 50. Metro L5 (Camp de l'Arpa)

Con esta obra Moragas inicia una etapa de su producción marcada por una intensa actividad en el campo del diseño industrial y el estudio en profundidad de unas tipologías de viviendas en las que, a partir de la síntesis de los modelos internacionales y de la propia tradición, se aunarán los criterios de funcionalidad, solidez y diseño de los acabados.

El uso racional, expresivo y siempre aparente de materiales distintos para cada sistema o elemento constructivo –hormigón en la estructura, ladrillo en los cerramientos de fachada, cerámica en revestimientos ornamentales, hierro en la carpintería y cerrajería constructiva, madera en elementos más al alcance del usuario–, dan como resultado una arquitectura muy personal e identificable, cuya sinceridad roza la estética brutalista. Está realizada, además, con sentido práctico para el usuario, que se beneficia también de la racionalidad de las distribuciones y la especial atención de Moragas en la solución de los espacios comunes, como jardines, vestíbulos, escaleras y corredores de distribución de las viviendas. Para estos grandes edificios plurifamiliares Moragas diseñará todos los elementos que se han de incorporar a la arquitectura (lámparas, mobiliario, picaportes, barandillas, etc.).

De los mismos autores y época son el Cinema Liceo (c/ Sants, 96, 1957-1959), de una expresiva fachada que responde a la racional disposición del interior, y el edificio de viviendas de la calle Comte Borrell, 205-213 (1958).

Cinema Liceo.

38
Facultad de Derecho   1958

Av. de la Diagonal, 684
Guillermo Giráldez Dávila, Pedro López Íñigo y
Xavier Subias Fages, arquitectos
Bus 7, 75. Metro L3 (Palau Reial)

En diciembre de 1950 se creó por decreto la Junta de Obras de la Ciudad Universitaria. En 1955 se iniciaron las obras del primer edificio, la Facultad de Farmacia (que en un principio estaba destinado a colegio mayor), que entró en servicio en 1957 y en el que aún está presente el academicismo retórico. También son de esos años dos edificios de obra vista de gran corrección constructiva: los Colegios Mayores de Sant Raimon de Penyafort y de Nostra Senyora de Montserrat (Av. Diagonal, 643, 1955-1958), proyectados por Pere Benavent de Barberà.

Para desalojar del centro de la ciudad a los díscolos estudiantes de derecho, se encargó con urgencia el proyecto de la nueva facultad que fue redactado en tres meses. Nueve meses después sería inaugurado. Este edificio, concebido con sorprendente modernidad tratándose de un encargo oficial en aquella época, constituye un testimonio de la voluntad de la joven arquitectura catalana por renovarse y vincularse con el panorama constructivo europeo. Ha sido considerado por la crítica como nuestro mejor ejemplo del International Style. Destaca la racionalidad de su estructura, que permite una planta libre adaptable a la diversidad de funciones, la expresividad con que son utilizados los materiales estructurales y los de cerramiento, la riqueza de los espacios, los patios interiores, la relación exterior-interior y la ponderada composición de volúmenes que manifiesta la funcionalidad de cada uno de ellos.

Colegios mayores en la av. Diagonal, 643.

39
Edificio de la Mutua Metalúrgica de Seguros   **1955-1959**

Av. de la Diagonal, 394-398; c/ Provença, 344
Oriol Bohigas Guardiola, Josep Martorell Codina, arquitectos
Bus 6, 15, 33, 34, 43, 54. Metro L4, L5 (Verdaguer)

El volumen general se adapta a un solar trapezoidal de los que produce la avenida Diagonal al cortar la retícula del Ensanche y la fachada menor adopta una ligera inflexión a modo de espolón. La complejidad del programa (dispensarios, oficinas, clínica quirúrgica, laboratorios, convento, sala de actos) aconsejó una estructura que permitiera la máxima flexibilidad. Se resolvió como retícula metálica que se manifiesta al exterior revestida. En el cerramiento de las fachadas –que no expresan la variedad de programas del interior–, se combinan los falsos muros-cortina de las ventanas con paramentos macizos de granito rosa, lo que permite una mejor integración con las preexistencias. Entre 1967-1969 se añadió un ático retranqueado con cubiertas pinas de cobre, al que fue trasladado el convento.

En el edificio hay cerámicas y esculturas de Jordi Domènech, un trabajo fotográfico de Català Roca y obras de F. Todó y R. Solanic. En un espacio ajardinado exterior que guarda relación con el que se produce en la planta baja, el 3 de diciembre de 1963 fue inaugurada la escultura «Ictíneo» de Josep Maria Subirachs, dedicada a Narcís Monturiol.

Obras contemporáneas de otros autores: el Edificio Mandri (c/ Pau Claris, 180; c/ Provença, 277, de 1955-1959), de Josep Maria Fargas y Enric Tous; el edificio de viviendas y oficinas (c/ Rosselló, 257, 1956-1963), de Robert Terradas Via, y la Clínica Sant Jordi (Via Augusta, 273, 1957) de Ricard Ribas Seva.

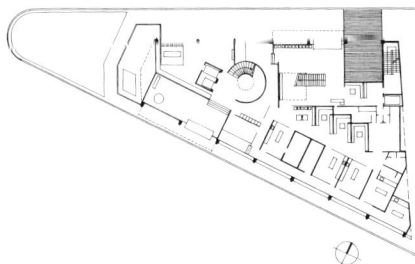

Edificio en calle del Rosselló, 257.

40
Conjunto de instalaciones
de SEAT   1954-1960

Plaza Ildefons Cerdà. Zona Franca
Manuel Barbero, Rafael Echaíde Itarte, Rafael de la Joya y
César Ortiz Echagüe, arquitectos
Bus 9, 38, 72, 109. FF.CC. Generalitat (Ildefons Cerdà)

Junto a un nudo viario, homologado como plaza –y, para mayor *inri*, dedicada
a Ildefons Cerdà, autor del plan de Ensanche de la ciudad– y en la vecina Zona Franca, se halla un conjunto de instalaciones que la empresa estatal de
automóviles SEAT levantó a mediados
de la década de los cincuenta.

Son: el edificio de Comedores para
los trabajadores (Sector A, calle 2, 1-25;
1954-1956, de C. Ortiz, M. Barbero, R.
de la Joya y R. Echaíde); los Laboratorios (en el mismo sector; 1959-1960, de
C. Ortiz y R. Echaíde; la Escuela de
aprendices (paseo de la Zona Franca; c/
Cisell; 1956-1957, de M. Barbero y R.
de la Joya), una torre de 54 metros (la
más próxima a la plaza) y un edificio de
depósito de automóviles (Plaza Ildefons
Cerdà; Gran Via de les Corts Catalanes,
140; C. Ortiz, R. Echaíde), el más celebrado por la crítica arquitectónica.

Se trata de un paralelepípedo de
seis plantas libres con un cuerpo adosado donde se ubica la rampa de acceso de vehículos, con estructura porticada continua aparente (pórticos de seis
metros de luz y distancia entre pilares
de 12), pintada de color negro mate.
Los cerramientos son de aluminio y vidrio en toda la superficie de las fachadas, lo que permite la iluminación natural del edificio y logra unos espacios
diáfanos perfectamente visibles desde
el exterior, tanto de día como de noche.

41
Edificio de viviendas

1958-1959

C/ Pallars, 299-317

Oriol Bohigas Guardiola, Josep Martorell Codina, arquitectos

Bus 6, 40, 42, 141. Metro L4 (Poblenou)

El programa preveía 130 viviendas para obreros metalúrgicos en un bloque que debía ocupar uno de los lados de una manzana del Ensanche Cerdà, en un barrio alejado del centro de la ciudad. La respuesta fue modélica en todos los aspectos. El bloque se subdividió en seis vólumenes –con cuatro viviendas por planta–, unidos por núcleos de comunicación retranqueados, lo que particulariza las sobrias fachadas de ladrillo visto, sensación acentuada por su perfil plisado y su coronación apuntada. Las fachadas extremas, sin embargo, al llegar al chaflán, se tornan planas y respetan la alineación original, lo que sin duda es un acierto. También lo es la racional distribución de las viviendas mínimas, de tres dormitorios y zona de estar-comedor con cocina, en 60 m². Todo ello, junto a la utilización de sistemas constructivos y materiales tradicionales como respuesta recelosa a la aparente renovación tecnológica de la industria de la construcción, hicieron de este conjunto un auténtico manifiesto «realista».

De los mismos autores, ya con la incorporación al equipo del arquitecto David Mackay, son los edificios de viviendas de la calle Roger de Flor, 215 (1957-1958), del paseo de Maragall, 243-247 (1959) y de la calle Calvet, 71 (1960), que repiten organizaciones y esquemas de fachada ensayados en el conjunto de la calle Escorial.

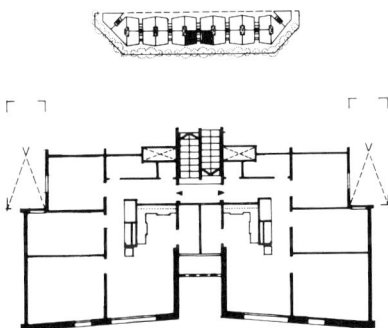

42
Edificio de viviendas

1957-1961

C/ Johann Sebastian Bach, 7-7 bis
José Antonio Coderch de Sentmenat y
Manuel Valls Vergès, arquitectos
Bus 6, 7, 14, 33, 34, 66

Este edificio no fue bien comprendido por la clase acomodada a la que iba dirigido a causa de la sencillez de los materiales y la sobriedad del planteamiento formal. Coderch y Valls enfocaron el proyecto, una vez más, como un ejercicio de reinterpretación de la arquitectura tradicional adaptada a los nuevos programas, con el inconveniente esta vez de tratarse de viviendas de gran superficie y alto nivel.

Se trata de un bloque aislado de planta rectangular con estructura de muros de carga paralelos a las fachadas laterales, también estructurales, y fachadas principales concebidas como grandes aberturas libres tamizadas por el cerramiento ligero a base de persianas de librillo de las terrazas corridas a las que se incorporan unas terrazas triangulares, parcialmente cerradas también, que, al unirse en sentido vertical, producen unos volúmenes a manera de las tribunas tradicionales.

Las cuatro viviendas de cada planta, ordenadas según dos ejes ortogonales alrededor de un único patio central al que ventilan únicamente las dependencias de servicio (incluido el dormitorio), se desarrollan según un programa funcional perfectamente adaptado al tipo de usuario previsto. Se basa en la doble circulación entre las zonas de estar-comedor, los dormitorios y las demás dependencias alrededor de un núcleo formado por el recibidor y un ascensor que permite el acceso directo a la vivienda.

43
Casa de los Toros

1960-1962

Gran Via de les Corts Catalanes, 798-814
Antoni de Moragas Gallissà y
Francesc de Riba Salas, arquitectos
Bus 6, 7, 18, 35, 56, 62

La línea experimental para edificios plurifamiliares iniciada por Moragas dentro del realismo constructivo en el edificio de la calle Sant Antoni M. Claret se continúa y perfecciona en la Casa de los Toros. Se trata de la agrupación de tres unidades, con ocho viviendas por planta cada una, que ocupan parte de una manzana del Ensanche, incluido el chaflán, lo que obliga a adaptar en uno de los módulos el esquema general, mientras que el otro se beneficia de la vecindad de una iglesia, abriendo hacia ella otra fachada perpendicular a la avenida.

La estructura de hormigón armado de las plantas bajas se corona en fachada por grandes y expresivas ménsulas que recogen los muros de carga tradicionales de las plantas de viviendas. El intradós de las terrazas y los vestíbulos comunes fueron decorados con fotografías taurinas de Francesc Català Roca realizadas en la plaza de toros Monumental, a escasos metros del edificio, a la que –como otros arquitectos (Coderch, Churruca, etc.)– acudía asiduamente Moragas.

De esta época son obras de los mismos autores: los edificios de viviendas de la calle Padilla, 323-329 (1959-1963); de la Avda. Meridiana, 302-312 (1962), con una inhabitual y atractiva solución en la coronación de las fachadas; el de la Ronda de Sant Pau, 42-44 (1964); y los de la Via Augusta, 128-132, c/ Brusi, 39-45, c/ Sant Elies (1967-1970), y c/ Biscaia, 340 (1969-1970), en los que las soluciones decorativas de los vestíbulos alcanzan la mayor riqueza.

44
Parroquia de Sant Medir

1958-1960

C/ de la Constitució, 17
Jordi Bonet Armengol, arquitecto
Bus 91

La pervivencia del gaudinismo hasta los años cincuenta se dio en edificios religiosos catalanes proyectados por arquitectos que habían tenido contacto directo o indirecto con Gaudí. En Sant Medir, Jordi Bonet prosiguió la actualización de esquemas gaudinianos hecha por su padre, Lluís Bonet Garí, autor de la capilla de Sant Miquel en Argentona y de la fachada de la Pasión de la Sagrada Família, iniciada en 1952, ésta junto a Isidre Puig Boada, autor de la iglesia del Sagrat Cor de Balaguer.

El complejo programa parroquial debía resolverse en un escaso solar entre medianeras. Bonet utilizó en la nave muros perimetrales inclinados que permiten cubrir el espacio sin apoyos intermedios mediante bóvedas de directriz hiperbólica, cuya superficie exterior se recubrió en parte con *trencadís*. La casa rectoral y otras dependencias parroquiales tuvieron que ser ubicadas en la torre campanario, un paralelepípedo de nueve plantas de un lenguaje más convencional.

La iglesia de Sant Joan Maria Vianney (c/ Melcior de Palau, 60, 1952-1963), de Raúl Miguel Rivero, sigue también esa línea gaudinista. Son también interesantes, la de Sant Ot (paseo Manuel Girona, 23-25, 1958-1960), de Francisco Salvans y Emilio Bordoy, con referencias de la arquitectura religiosa europea contemporánea, y la de Santa Tecla (Av. Madrid, 107, 1958) de J. Soteras, con solución estructural en hormigón y hierro. En 1961, el arquitecto Sagnier Vidal acabó el templo expiatorio del Tibidabo, iniciado por su padre en 1909.

45
Escuela de Altos Estudios
Mercantiles   1954-1961

(Escuela Universitaria de Estudios Empresariales)
Av. de la Diagonal, 694
Javier Carvajal Ferrer y Rafael García de Castro, arquitectos
F. Bassó Birulés (arquitecto consultor)
Bus 7, 75. Metro L3 (Zona Universitària)

Fue proyectada cuatro años antes que la Facultad de Derecho, pero acabada unos años después. Su planteamiento –que atiende a un complejo programa que requiere diferenciar las funciones específicas en volúmenes independientes y tipológicamente distintos, pero orgánicamente interrrelacionados– se hace eco de las propuestas de la arquitectura internacional, con la incorporación de una plástica brutalista.

La estructura aparente es la gran protagonista de los paramentos exteriores. En la gran fachada modulada paralela a la Diagonal, los vanos se cierran con materiales ligeros, en una búsqueda del aprovechamiento de la luz natural –quizá excesivo, si tenemos en cuenta la insolación de acuerdo con la orientación del edificio, acaso previsto inicialmente de otra manera, y la inexistencia de elementos de protección frente al sol– búsqueda presente también en la disposición de lucernarios y espacios claustrales que dirigen la circulación en los ámbitos interiores.

Un año después que se inaugurara la Escuela de Estudios Mercantiles, entró en funcionamiento la Escuela Técnica Superior de Arquitectura (Diagonal, 649, 1961-1962), obra de Eusebi Bona, Pelayo Martínez y Josep M. Segarra, y poco después la vecina Escuela de Ingenieros Industriales, proyectada por Robert Terradas Via en 1959, como aquélla, con los cuerpos de aulas perpendiculares a la Avda. Diagonal.

46
Editorial Gustavo Gili

1954-1961

C/ Rosselló, 87-89
Francesc Bassó Birulés, Joaquim Gili Moros, arquitectos
Bus 41. Metro L5 (Entença)

Emplazado en el interior de una manzana del Ensanche, con acceso desde la calle a través de un amplio patio ajardinado, el conjunto se desarrolla en tres cuerpos de edificio orgánicamente interrelacionados pero con una apariencia exterior totalmente diferente, que se manifiesta tanto en la definición particularizada de los volúmenes como en la discontinuidad formal de sus fachadas. Además de la planta subterránea, destinada a almacén e instalaciones generales, el edificio se desarrolla en dos plantas, excepto en el vestíbulo de acceso del cuerpo central, en el que se crea un espacio a doble altura con un altillo-balcón de perfil ondulado por donde discurren los corredores de comunicación de las dependencias circundantes.

El cuerpo central, que alberga la zona pública con las oficinas comerciales y técnicas, es la parte más interesante del conjunto tanto por la estructura de pilares que sustentan cinco vigas de forma triangular formando una cubierta en voladizo de superficie angular convexa, como por la formalización de la fachada principal, cuyo tratamiento a base de quitasoles permite la creación de espacios transparentes y la correlación ininterrumpida entre el exterior y el interior. La obra, a pesar de su carácter industrial-comercial, se aparta decididamente de los convencionalismos tipológicos existentes para este tipo de edificios.

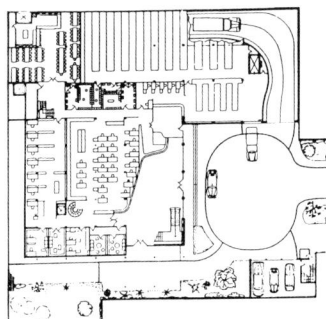

47
Manzana Seida   1955-1967

Av. de Sarrià, 130-152; ronda del General Mitre
Francesc Mitjans Miró, arquitecto (gasolinera y viviendas), y
Josep Soteras Mauri, arquitecto (almacén y taller de coches)
Rafael Casals, ingeniero (gasolinera)
Bus 6, 16, 33, 34, 66, 70, 74. FF.CC. Generalitat (Tres Torres)

El conjunto lo forman una gasolinera, que fue el primer edificio construido (1955), un almacén y taller de coches, y un bloque de viviendas. La gasolinera tiene planta trapezoidal y se ha resuelto con una losa de hormigón armado de directriz parabólica y grosor no superior a 7 cm, de textura plana en la cara inferior y nervada la superior. Se aguanta por dos grandes arcos parabólicos de sección rectangular con una luz en el arranque de unos 35 metros –que se reducen a 25 en el punto de encuentro con la losa–, que sobresalen por encima de la marquesina. De los arranques de los arcos surgen tornapuntas metálicos para reducir el vuelo lateral de la losa.

En el bloque residencial contrasta el tratamiento variado de las fachadas, en función de su orientación y su posición en el contexto urbano. La de la avenida de Sarrià presenta grandes superficies acristaladas y terrazas ordenadas con marcada horizontalidad, mientras que la posterior se organiza en diversos cuerpos verticales individualizados con una disposición denticulada y con cerramientos laterales macizos de obra vista y estructura de hormigón. La estación de coches presenta soluciones estructurales atractivas.

Mitjans realizó en estos años el edificio de viviendas de la calle de Sant Adrià, 138-150 (1959-1962); el edificio CYT, de la Via Augusta, 20-30 (1959-1960); el de Mestre Nicolau, 13 (1957-1960); el de Vallmajor, 18-20 (1955-1959) y el edificio Tokio, de la avenida de Pedralbes, 59-61 (1957).

Edificio CYT, Via Augusta, 20-30.

48
Edificio de viviendas

1959-1964

Ronda del General Mitre, 1-13 y 19-25
Francisco-Juan Barba Corsini, arquitecto
Bus 6, 16, 66, 70, 74. FF.CC. Generalitat (Tres Torres)

Dos circunstancias condicionaron la solución general adoptada por Barba Corsini –autor en esta época de numerosos edificios de viviendas de notable calidad– en este edificio residencial y comercial: la parcelación del solar, que sugirió dividir el edificio en casas independientes, y, en lo que respecta al tipo de vivienda, el hecho de tratarse de una promoción subvencionada (de «renta limitada»), que obliga a una superficie habitable máxima.

El edificio se compone de dos bloques paralelos unidos por las cajas de comunicación vertical que contienen 15 viviendas en cada una de sus diez plantas superiores, ordenadas racionalmente por parejas para concentrar los servicios. La estructura es de hormigón armado y la carpintería exterior metálica.

Las fachadas están resueltas mediante muros-cortina de vidrio de seguridad protegidas del sol por los voladizos de las terrazas, que a su vez se cierran con barandillas opacas para resguardarse de las vistas. Esta misma so-

lución fue empleada por Barba Corsini en el edificio de viviendas de la calle Escoles Pies, 20-22 (1960).

Entre 1954 y 1955, Barba había realizado un ejercicio muy interesante en los desvanes de la casa Milà, «La Pedrera» (paseo de Gràcia, 92) de Antoni Gaudí, para transformarlos en apartamentos de reducidas dimensiones, con la incorporación de un «dúplex», para los que diseñó también el mobiliario.

Desván de la Pedrera.

49
Edificio de viviendas

1960-1962

C/ Johann Sebastian Bach, 28
Taller de Arquitectura (Ricardo Bofill Leví)
Bus 7, 14

Fue una de las primeras obras del Taller de Arquitectura, dirigido por Ricardo Bofill –hijo del arquitecto y constructor local Emili Bofill Benessat–. Las características del solar (un rectángulo con una fachada orientada al noroeste y el 90% del resto del perímetro cegado por medianerías) determinaron una solución no convencional para la ubicación y distribución de las dos viviendas por planta. Siguiendo un eje norte-sur se sitúan las comunicaciones verticales y un patio interior, unido al de manzana por el único lugar asoleado, al que se abren, siguiendo una línea quebrada, los cuatro dormitorios, favorecida así su iluminación natural y la ventilación directa. En la crujía de fachada se organizan de forma no simétrica las zonas de estar de las dos viviendas, y en los espacios residuales de la compleja planta, los servicios.

La estructura del edificio es mixta, a base de muros de carga y pilares, y los cerramientos de la fachada principal están resueltos con celosías cerámicas ante la zona del comedor y persianas correderas de librillo ante la zona de estar. Entre ambas zonas, independizándolas, se sitúa una terraza que se avanza hacia la calle en voladizo. Con estos materiales en fachada, el control de la luz y la óptima relación interior-exterior se consiguen de forma eficaz.

El edificio de viviendas del número 2 de la misma calle, esquina con la plaza de Sant Gregori Taumaturg, fue proyectado y construido por el mismo Taller entre 1962 y 1963.

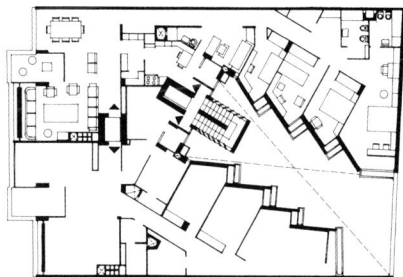

50
Colegio de Arquitectos de Cataluña y Baleares

1958-1962

Plaça Nova, 5
Xavier Busquets Sindreu, arquitecto
Bus 16, 17, 19, 45. Metro L1, L2, L3 (Catalunya), L4 (Jaume I)

Dada la situación del solar –junto a edificios significativos de la ciudad antigua–, el proyecto (ganador del concurso convocado por el colegio), manifestaba una voluntad expresa de romper los esquemas convencionales de integración de la nueva edificación en el centro histórico, tema que centraba entonces uno de los debates de la arquitectura.

Consta de un cuerpo bajo avanzado de planta trapezoidal, transparente en planta baja y macizo en la superior, donde se sitúan las zonas públicas (bar, exposiciones, recepción y sala de actos), y una torre de ocho plantas para oficinas a la que se adosa el núcleo de comunicaciones verticales y servicios. En la torre, la estructura metálica sustentante es aparente, así como la perfilería de muro-cortina, cuya disposición y proporción de directriz vertical fue alterada al superponer Alfonso Milà en 1971 unas placas de fibrocemento sobre el tablero original y unas persianas cuadradas.

Los esgrafiados diseñados por Picasso (realizados por Carl Nesjar) para los paramentos exteriores del cuerpo avanzado y el vestíbulo de la sala de actos se han incorporado ya a los itinerarios turísticos de la ciudad antigua. Otro valor del edificio fue el diseño de los interiores de las plantas debido a diversos arquitectos (Moragas, Correa-Milà, Fargas-Tous, Bohigas-Martorell-Mackay, Monguió-Vayreda, Giráldez-López Íñigo-Subias, Bassó-Gili). Este conjunto de interiorismo se ha ido perdiendo por las continuas y no siempre afortunadas reformas posteriores.

Planta original de la sala de actos.

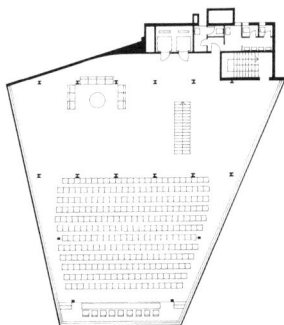

Distribución original de la segunda planta.

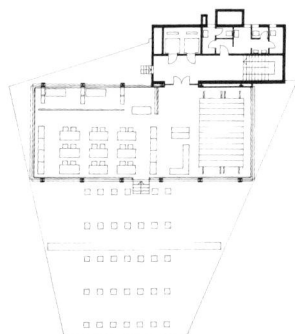

51
Polígono de viviendas de Montbau 1957-1965

Paseo de la Vall d'Hebron; c/ Arquitectura; c/ Poesia
Guillermo Giráldez, Pedro López Íñigo y Xavier Subias,
arquitectos (Plan Parcial y sector 1); Manuel Baldrich,
Antoni Bonet y Josep Soteras, arquitectos (sector 2)
Bus 27, 73, 76, 85. Metro L3 (Montbau)

El Plan General de Ordenación Urbana de Barcelona de 1953 contemplaba la creación en este sector de una zona hospitalaria y otra residencial que fue desarrollada en el Plan Parcial correspondiente. Las Ideas básicas de la ordenación fueron las siguientes: crear un núcleo unitario de viviendas con personalidad propia, a base de bloques aislados; organizar y diferenciar las zonas cívicas y comerciales como elemento de articulación del espacio; formar espacios verdes, aglutinadores de la actividad lúdica; utilizar los edificios públicos como puntos focales de la composición, y diferenciar las zonas peatonal y de circulación rodada.

El conjunto se ordena en tres supermanzanas: una al noreste, con bloques de alturas variables destinados a viviendas de mayor categoría y con un espacio verde interior; otra al oeste, con una disposición geométrica de los volúmenes y una plaza central, y la tercera, donde se concentra la zona comercial, constituida por edificios singulares que conforman espacios semicerrados.

La crítica actual ve en este conjunto el diseño urbano barcelonés que responde mejor a los criterios y el método formulados por los CIAM. Otros polígonos contemporáneos son el de Sant Martí (c/ Bach de Roda, Gran Via, c/ Guipúscoa, 1956-1958); el del sudoeste del Besòs (c/ Llull, c/ Prim y Gran Via, 1958-1966) y el conjunto de edificios de viviendas Milans del Bosch (c/ Sant Adrià, 196, 1962-1964), éste último obra de Bohigas, Martorell y Mackay.

52
Antigua Joyería Monés   **1959-1962**

C/ Guillem Tell, 47; c/ Lincoln, 36-38
Joan Antoni Ballesteros Figueras, Joan Carles Cardenal
González, Francesc de la Guàrdia Conte, Pere Llimona Torras y
Xavier Ruiz Vallès, arquitectos
Bus 16, 17, 27, 30. FF.CC. Generalitat (Plaça Molina)

El edificio, destinado en su origen a oficinas y fábrica de joyería, consta de siete plantas (incluidas el sótano y semisótano). Las cuatro plantas superiores
conforman un volumen paralelepipédico
puro, de aspecto macizo, de superficies
planas revestidas de gres de color gris
perla, en contraste con las plantas infe-
riores de estructura aparente y cerramiento ligero, cercada la del nivel de la
calle por un muro continuo exento revestido de granito verde oscuro.

En las fachadas laterales del volumen superior sólo un corte vertical a toda altura, junto a la arista posterior, ras-
ga la superficie. En la fachada principal,
un gran hueco de vidrio ocupa las tres
plantas, protegido con una superficie
continua de lamas móviles. La cubierta
plana queda oculta por la coronación
opaca de las fachadas, interrumpida sólo por una abertura rectangular que nos
remite al lenguaje racionalista.

La estructura es de pies derechos
y jácenas planas de hormigón armado y
forjados cerámicos, y los cerramientos
son de fábrica de ladrillo hueco.

Otro edificio industrial de interés es
el de los Laboratorios Uriach (c/ Degà
Bahí, 67, 1958-1961), en el que destaca
la solución de la fachada plana del cuerpo principal y el volumen acristalado de
la escalera situado en la fachada interior. El proyecto es del arquitecto Manuel Ribas Piera, autor también del dispensario parroquial de Nostra Senyora
del Port (1958).

Fachada de los Laboratorios Uriach.

53
Casa-taller Antoni Tàpies 1960-1963

C/ Saragossa, 57

José Antonio Coderch de Sentmenat y Manuel Valls Vergès, arquitectos

Bus 16, 17, 27, 30. FF.CC. Generalitat (Plaça Molina, Sant Gervasi)

Esta casa, realizada para el pintor catalán Antoni Tàpies, se ha considerado una obra maestra de la arquitectura doméstica unifamiliar urbana. Construida en un solar estrecho (ocho metros) y profundo, entre medianeras, abierto sólo a una calle ruidosa del barrio de Sant Gervasi, reparte un programa funcional múltiple (viviendas del pintor y de los porteros, taller y estudio) en cinco plantas que se abren escalonadamente al patio interior de manzana.

La fachada que da a la calle, de la que se pretende que el interior se aísle al máximo, se resolvió con un cerramiento a base de placas de fibrocemento y de persianas fijas de lamas graduables, repartidas en seis módulos delimitados por la estructura aparente pintada de blanco, en diferente proporción y situación en cada uno de ellos, en función del programa de uso del espacio interior que corresponde al módulo.

La mayor riqueza del edificio radica en la distribución e iluminación de los espacios interiores. Todo el edificio se organiza como una sucesión de espacios abiertos y cerrados alrededor del patio interior por el que discurre la escalera y en el que las perspectivas oblicuas desembocan en los muros de ladrillo visto barnizados. En el fondo de la parcela, en planta baja y a doble alzada, se sitúa el taller del pintor. Y sobre la vivienda, la biblioteca, que para aislarse da la espalda a la calle mediante un muro ciego retranqueado y se abre al patio interior de manzana.

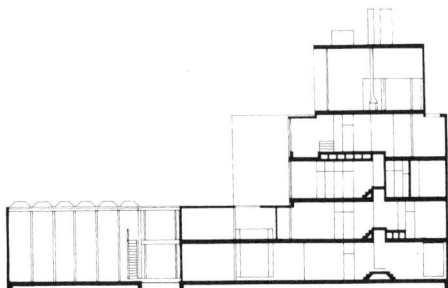

54
Canódromo Meridiana 1962-1963

C/ Concepción Arenal, 165
Antoni Bonet Castellana y Josep Puig Torné, arquitectos
Bus, 11, 12, 34, 62. Metro L1 (Fabra i Puig)

El canódromo se sitúa en una manzana rectangular y está constituido por una edificación que ocupa uno de los lados más largos del rectángulo y la pista, que es alargada con los extremos en semicírculo. El cuerpo construido está definido por dos plantas en forma de parábolas concéntricas con una diferencia focal de 2 metros. La estructura sustentante, a base de pilares de acero, y el quitasol que se eleva por encima de las gradas constituyen los elementos más expresivos de la construcción.

El forjado de la planta primera es de hormigón armado y casetones también de hormigón y el de las gradas de vigas pretensadas y elementos prefabricados de hormigón. Las vigas de la cubierta cargan sobre un pilar central y definen un voladizo de 10 metros que en su extremo sostiene una triangulación vertical orientada hacia el piso inferior en la que se apoya el quitasol. En la fachada posterior unos tensores verticales ligan la estructura al techo inferior para evitar el balanceo de la cubierta, cuyas vigas principales están estabilizadas por correas transversales de celosía triangular sobre las que descansa el aislante.

De los mismos autores es el edificio Mediterráneo, en la calle Consell de Cent, 162-180 (1960-1966), que hace gala de una singular estructura en hormigón armado. La Torre Urquinaona, en la plaza Urquinaona, 6 y calle Roger de Llúria, 1-3 (1970-1973), y la Torre Cervantes, en la calle Manuel Ballbé, 3-5, son obras de Antoni Bonet y Benito Miró Llort.

La Torre Urquinaona.

55

Edificio de oficinas Hispano Olivetti 1960-1964

Ronda de la Universitat, 18
Ludovico Belgiojoso, Enrico Peressutti y Ernesto N. Rogers, arquitectos
Colaboración: J. Soteras (dirección de obra) y R. Casals (ingeniero)
Bus 14, 16, 17, 24, 55, 58, 59, 66. Metro L1, L3 (Catalunya), L2 (Universitat)
FF.CC. Generalitat (Catalunya)

Desde el siglo XIX existió en la cultura arquitectónica la inquietud por cómo intervenir en lugares históricos. El Movimiento Moderno había puesto en crisis la preocupación, pero renacería en la Italia de posguerra. La polémica sobre el Colegio de Arquitectos levantado en la ciudad histórica fue el primer aviso en Barcelona. En el Ensanche, sin embargo, las preexistencias del entorno no habían determinado nunca la nueva arquitectura. Debía tener en cuenta los condicionantes del lugar, pero éstos no podían definir los aspectos estilísticos. Así lo habían entendido desde los maestros modernistas hasta los racionalistas.

A partir de los años cincuenta todo será distinto. Las «preexistencias ambientales» de un Ensanche ya suficientemente histórico deben tenerse en cuenta: la nueva arquitectura culta tendrá que «integrarse». El cómo debía hacerlo daría pie a una interesante y nunca resuelta polémica. Rechazado el pastiche –que en Barcelona no reaparecerá hasta que una Ordenanza intente «salvar» el Ensanche– una opción era la reinterpretación de los rasgos esenciales del paisaje urbano.

Ese fue el camino elegido por el grupo BPR en esta obra, un edificio de oficinas en el que las plantas libres se cierran con un muro-cortina de planta escalonada en la que la crítica ha querido ver una interpretación, ciertamente libre, de algunas de esas preexistencias: las tribunas de los edificios modernistas del Ensanche.

56
Edificio de viviendas

1959-1966

Av. de la Meridiana, 312 bis-318
Oriol Bohigas, Josep Martorell y David Mackay, arquitectos
Bus 62. Metro L1, L5 (Sagrera)

El planteamiento de este grupo de 121 viviendas mínimas (de menos de 60 m²) para una cooperativa es consecuencia directa de las condiciones económicas y urbanísticas y de la orientación del solar. Sobre una planta inferior más libre, con estructura de hormigón visto en fachada, se levantan las once plantas de viviendas. Su estructura de muros de carga conforma los dos conjuntos de módulos de habitación alineados junto a cada una de las fachadas –revestidas de cerámica y con zunchos y voladizos de hormigón visto– entre los que se abren cinco patios interiores de notable dimensión separados por los núcleos de comunicación.

Los vanos de fachada, que dan la espalda a la orientación norte para inso-lar mejor y para proteger las vistas, reciben un tratamiento singular. Concebidos como dobles tribunas angulares en voladizo tienen diversas disposiciones «según un complejo ritmo geométrico preestablecido» para dar personalidad a cada una de las viviendas y romper la monotonía a la que parece obligar siempre este tipo de edificio-bloque. Las heterogéneas transformaciones que estas aberturas han sufrido a lo largo de treinta años son una insistencia por parte de los usuarios, quizá no premeditada, en esa voluntad de particularización, además de una lícita superación de las carencias de la construcción primitiva. Poco hay que lamentar, por lo tanto, de la alteración que el edificio ha sufrido desde su inauguración.

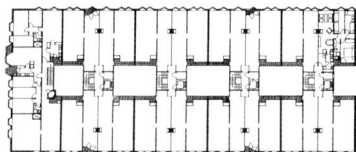

57
Edificio de viviendas
(Casa del Pati)   1961-1964
Ronda del Guinardó, 42-44; c/ Lepant, s/n
Oriol Bohigas, Josep Martorell y David Mackay, arquitectos
Bus 25, 401. Metro L4 (Alfons X)

En la arquitectura residencial de MBM, sin abandonar la búsqueda de la máxima racionalidad en la distribución interna de las viviendas y en la relación entre disponibilidades económicas y sistema constructivo (base del «realismo»), tendrá cada día más importancia la ordenación del conjunto para dar a los espacios colectivos el protagonismo que merecen. Esta preocupación cobra categoría de manifiesto en este edificio en el que las viviendas se agrupan alrededor de un amplio patio que, más allá de su función de ventilación, asume un papel de espacio de convivencia, relación y circulación y permite eludir la agresividad del contexto exterior. El tratamiento espacial y formal del patio, como si de un espacio urbano se tratara, incluyendo una fuente en el vestíbulo, ayuda a remarcar la poética del planteamiento.

La misma preocupación por los espacios comunes se halla presente en la solución de la casa Xaudiera (c/ Entença, 99-101, 1964-1970), hoy en un lamentable estado de conservación des-

proporcionado con la antigüedad del inmueble. También son del equipo MBM los edificios de viviendas de la Ronda del Guinardó, 46 (1961-1964) y 54-56 (1967-1969).

En cuanto a la integración de la nueva arquitectura en un contexto histórico, aspecto esencial como veíamos en el debate arquitectónico de aquel momento, el equipo MBM hizo una propuesta inteligente en el edificio de viviendas y talleres de *La Vanguardia* (c/ Tallers, 52-54, 1962-1965).

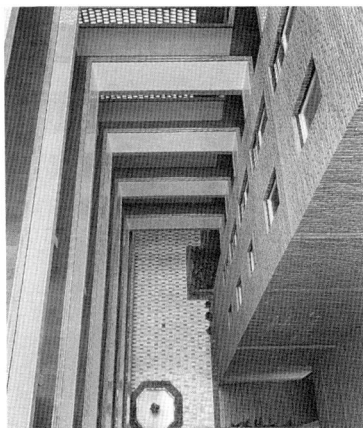

58
Iglesia del Redemptor

Av. de la Mare de Déu de Montserrat, 34-40
Oriol Bohigas, Josep Martorell y
David Mackay, arquitectos
Bus 31, 32, 39, 55

1957-1963
1962-1968 (obra)

La ubicación en una manzana residencial cerrada no prevista para albergar un edificio de esa naturaleza, sugirió mantener la alineación de la calle mediante la cerca del patio-atrio de entrada y retrasar el volumen de la nave. Se pretendía con ello favorecer la integración del edificio en el entorno sin que perdiera su condición de elemento singularizador –por su función y su volumetría– en la trama.

La nave es de planta trapezoidal, cuyo lado menor, que corresponde al muro testero de la cabecera, se pliega hacia dentro y recibe luz rasante de dos aberturas situadas en la intersección con los muros laterales –también de obra vista–, lo que da carácter focal a un presbiterio desnudo de cualquier otro elemento significativo. La relación entre el presbiterio (con altar exento) y el espacio de los fieles (cuatro hileras de bancos frente a aquél) es aún la tradicional.

La estructura de la cubierta es de cerchas de madera articuladas soportadas por elementos de madera exentos de los muros que refuerzan su condición no estructural al rematarse con vanos horizontales corridos que dan luz natural a la nave.

De los mismos autores son las iglesias de Sant Sebastià del Verdum (Via Favència; 1958) y de Sant Josep Obrer, (c/ Palamós, 35), así como el Centro Parroquial de Sant Sebastià, (c/ Viladrosa, 96; 1960-1968). En éste, la disposición en planta de la iglesia se acerca más a las recomendaciones litúrgicas del Concilio Vaticano II.

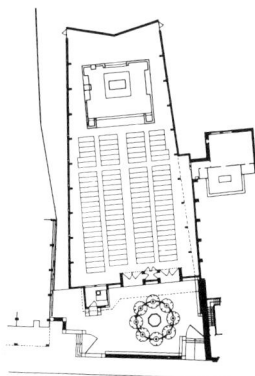

59
Edificio de viviendas   **1962-1964**

C/ Nicaragua, 97-99; c/ Marquès de Sentmenat, 68
Taller de Arquitectura (Ricardo Bofill Leví)
Bus 15, 43, 54, 59

El programa era difícil: tres pisos por planta en un pequeño solar triangular mal orientado y de grandes medianeras. El planteamiento en planta y, como consecuencia, de la fachada, respondería a estos condicionantes, como ya ocurriera en el edificio de la calle Johann Sebastian Bach, 28, obra del mismo Taller.

En el eje del solar se sitúan la escalera y, junto a la fachada, la vivienda central. Las otras dos reparten sus aberturas entre la fachada y el patio soleado. En las tres, de sus 75 m², casi la mitad se dedican a la sala de estar. La fachada se concibe como un abanico de muros –que por su orientación a norte se dejan casi ciegos– por cuyos intersticios asoman las dependencias en busca del sol. A partir de esta idea, y con un buen trabajo de ladrillo visto, se consiguen efectos de gran expresividad, especialmente logrados en la planta baja y los áticos. En definitiva, un ejemplo de buena arquitectura que nace como una respuesta racional, creativa y expresiva a un planteamiento coherente de las necesidades y los condicionamientos.

En las viviendas de la calle Viladomat, 297 (1965-1966), se da también la búsqueda de la distribución racional de una superficie mínima, aunque se detectan ya los primeros síntomas de una infravaloración de los aspectos constructivos en favor de una preocupación por lo formal que se agudizará en la obra posterior del Taller.

Casa en la calle de Viladomat, 297.

60
Taller y oficinas de
El Noticiero Universal

1963-1965

C/ Roger de Llúria, 35
Josep Maria Sostres Maluquer, arquitecto
Bus 22, 24, 28, 39, 45, 47. Metro L3, L4 (Passeig de Gràcia)

Como en el caso de la sede de Olivetti, la crítica arquitectónica se ha referido al edificio de *El Noticiero* como un ejemplo de integración de la nueva arquitectura en el Ensanche barcelonés. Esta vez, sin embargo, el camino es muy distinto. Josep Maria Sostres, miembro fundador y primer teórico del Grup R, tenía muy asumidas las enseñanzas del Movimiento Moderno y era difícil que en su primer compromiso en el Ensanche –aunque fuera consciente de que la «integración» era inevitable– optara por los revisionismos en boga.

Al proyectar *El Noticiero*, Sostres no trata de reinterpretar ninguna esencia de la arquitectura del Ensanche (ni tipológica, ni constructiva, menos aún estilística), ni intenta establecer con ella concomitancias formales; asumirá el diálogo con las preexistencias, pero desde la más absoluta autonomía, sin que su arquitectura renuncie a sí misma. La fachada del nuevo edificio, de planta libre, expresará su condición no estructural mediante la horizontalidad de los huecos. Incluso su tersura y la ausencia de cornisa la remitirán al más ortodoxo racionalismo. Las concesiones al entorno serán la presencia de la piedra en el muro-cortina y la subdivisión en elementos verticales del conceptual vano horizontal. Un diálogo, quizá, demasiado sutil.

En la urbanización Ciutat Diagonal de la vecina Esplugues de Llobregat, Sostres realizó dos de sus obras más significativas, la Casa Iranzo (1957) y la Casa MMI (1957-1958).

61
Facultad de Ciencias Económicas   1964-1967

Av. de la Diagonal, 690
Guillermo Giráldez Dávila, Pedro López Íñigo y
Xavier Subias Fages, arquitectos
Bus 7, 75. Metro L3 (Palau Reial, Zona Universitària)

Las diversas dependencias se agrupan en torno al esquema circulatorio, articuladas mediante patios interiores, y siguen un orden modular complejo. Las aulas, dispuestas en peine, ventilan por patios ajardinados sin vistas exteriores. La componente horizontal general sólo se altera por el cilindro del aula magna y el cuerpo, más alto, de los seminarios. La estructura es mixta, de acero los elementos verticales y de hormigón los horizontales. En su exhibición «brutalista», en especial de las potentes jácenas dobles, radica la máxima expresividad de la obra, así como en las celosías de hormigón blanco de la sala de actos y del cuerpo de seminarios. Las fachadas norte y sur de éste se cierran con paneles de hormigón lavados al ácido. Los demás cerramientos macizos son de fábrica de ladrillo, vista (tanto en espacios interiores como exteriores para facilitar su integración) o revestida con placas de gres de color castaño oscuro.

Se construyeron 15.250 m^2 para una capacidad de 1.968 alumnos, es decir, 7,74 m^2 por alumno. Entre 1990 y 1993 la facultad fue ampliada hacia el este por los mismos autores, que mantuvieron los criterios compositivos y constructivos.

De los demás edificios universitarios de esta década destaca el de las facultades de Filosofía y Geografía e Historia (c/ Baldiri Reixac, s/n; 1969), de José Mª García-Valdecasas Salgado y Robert Terradas Via. Aquí el programa se desarrolla en torres unidas por corredores acristalados.

62
Residencia de Estudiantes
Madre Güell   1963-1967

C/ Esperança, 5-7
Lluís Cantallops Valeri y Jaume Rodrigo Dalmau, arquitectos
Bus 22, 64, 75. FF.CC. Generalitat (Sarrià)

Heredera de los planteamientos del realismo propiciado por Bohigas y Martorell en la década anterior, y plenamente identificada con los resultados formales que se han conocido como «Escuela de Barcelona», es esta arquitectura realizada por arquitectos de una nueva generación que tiene en la residencia Madre Güell un ejemplo paradigmático.

En esta obra es evidente aún la utilización de materiales y técnicas constructivas tradicionales con la intención de expresar mediante el lenguaje que deriva de una complacencia en la arquitectura vernácula y una relativización de las tecnologías al alcance. La estructura de paredes de carga, los forjados cerámicos, las bóvedas a la catalana, y las

fachadas de obra vista (con esmerados trabajos de ladrillo en las líneas de imposta y los antepechos de ventanas en sardinel), tienen ese doble valor constructivo y simbólico.

La planta de la residencia –un bloque aislado de cinco plantas muy ajustado al solar– está resuelta en forma de «H», y da lugar a dos patios de utilización independiente por las religiosas y las universitarias residentes.

Un edificio contemporáneo es el Hotel Antibes, (c/ Diputació, 394, c/ Sicília; 1963-1964), obra de los arquitectos Jacint Cánoves Richart y Manuel Francés Marqueta, donde el mensaje realista de la obra vista se produce en una fachada tersa y expresiva alejada de cualquier retórica decorativista.

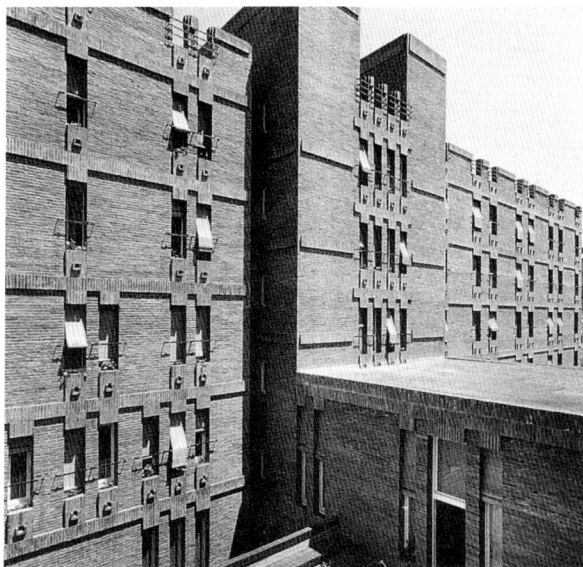

63
Edificio de viviendas

1966-1967

C/ Lepant, 307

Vicenç Bonet Ferrer, Lluís Nadal Oller y
Pere Puigdefàbregas Baserba, arquitectos

Bus 9, 38, 72

Ordenadas simétricamente según dos ejes ortogonales –en los que se sitúan la escalera de un solo tramo y el ascensor–, se desarrollan cuatro viviendas por planta. Su distribución interior (cuatro dormitorios, estar-comedor y servicios) responde a un esquema racional derivado del sistema constructivo de muros de carga. La cocina se abre a la fachada para evitar olores en los patios interiores, que se reservan para los dormitorios. Los servicios ventilan por patinejos.

Las preexistencias del barrio de la Sagrada Familia en el que se ubica el edificio parecen sugerir las connotaciones con la plástica modernista, tan en boga entonces. La cuidada fábrica de obra vista, el cerramiento parcial de las terrazas a modo de tribunas, los revestimientos de azulejería en el vestíbulo y el intradós de las terrazas, etc, remiten tanto a esas preexistencias, como a una genérica y conceptual reivindicación de lo vernacular.

Los mismos autores proyectaron también el grupo de viviendas La Vinya (c/ Alts Forns-c/ Ferrocarrils Catalans; 1966-1968) con sistemas constructivos y materiales tradicionales y un lenguaje austero acorde con el presupuesto.

En el edificio de viviendas de la calle Rosselló, 152 (1964-1966) de J. Emili Donato Folch, reivindicar la tradición y la racionalidad conduce a sacar a la calle una fachada característica de los celebrados interiores de manzana del Ensanche barcelonés.

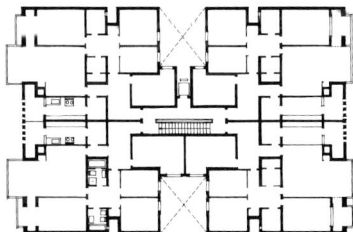

Viviendas en la c/ Rosselló, 152.

83

64
Edificio de viviendas   **1964-1967**

C/ Muntaner, 271; c/ Avenir, 35-37
Manuel de Solà-Morales Rosselló y
Manuel de Solà-Morales Rubió, arquitectos
Bus 14, 58, 64. FF.CC. Generalitat (Muntaner)

La orientación a tramontana de la esquina que forman las dos alineaciones exteriores del solar también fue en este caso un factor decisivo para conformar la planta –de seis viviendas, con una escalera cada dos– y, en consecuencia, las fachadas de este edificio, resueltas con expresiva sobriedad.

Todas las aberturas que se observan desde la calle corresponden a los dormitorios, incluidas las tribunas apiladas cercanas a la esquina. Las no voladas se agrupan, pareadas o no, en franjas verticales enmarcadas con filetes de ladrillo a tizón interrumpidos por las líneas de imposta, a veces rehundidas, a veces resaltadas, que ordenan las fachadas de obra vista en las que el macizo domina sobre el hueco. Los tres volúmenes verticales de sección hemidecagonal y abertura central que se intercalan entre estas ristras de ventanas corresponden a las escaleras.

Unos corredores pareados comunican este cuerpo exterior compacto en forma de L que ocupan los dormitorios con un segundo cuerpo de edificación interior, abierto hacia el patio de manzana, en el que se sitúan las cocinas y las zonas de estar y comedor junto a terrazas orientadas a mediodía. Este cuerpo, de una planta más en la que se desarrollan los áticos, está separado del de los dormitorios por cuatro patios de luces de forma irregular y superficie mayor a la exigida por las ordenanzas.

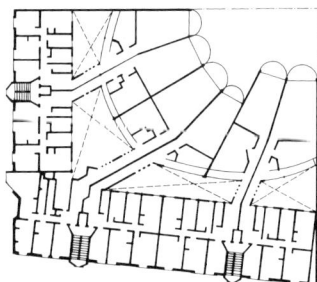

65
Edificio de viviendas Calatrava   1964-1968

C/ Calatrava, 2-6; Via Augusta; c/ Rosari
Pere Llimona Torras y Xavier Ruiz Vallès, arquitectos
Bus 14, 16, 70, 74. FF.CC. Generalitat (Tres Torres)

Se ha considerado a este edificio como relacionado con los postulados de Mies van der Rohe, sin duda por el rigor de la caligrafía de sus fachadas, dibujadas con dos materiales tradicionales: el ladrillo dejado visto de los cerramientos y el hierro de la estructura –trabajado con esmero– que se manifiesta al exterior y ordena la composición.

El edificio consiste en dos prismas de planta rectangular (con sus ejes mayores a escuadra) que contienen cada uno seis viviendas superpuestas de unos 300 m^2 de planta. Entre ambos volúmenes se ubica el núcleo de comunicaciones verticales de servicio. La subdivisión en dos bloques y la posición relativa de éstos permite una mejor distribución de las viviendas y que todas las estancias se abran a la calle y se comuniquen por medio de un anillo de circulación alrededor del vestíbulo y el ascensor de acceso directo a la vivienda.

Los mismos autores ofrecen una propuesta semejante, salvando las diferencias derivadas del emplazamiento y del solar, en el edificio de viviendas de la Via Augusta, 242 (1964-1968), que fue galardonado con el Premio FAD de Arquitectura 1968, en la convocatoria en que el jurado discutió sin cuartel entre la sede de Banca Catalana, de Tous y Fargas, y los edificios Trade, de Coderch.

Edificio de Via Augusta, 242.

66
Banca Catalana

1965-1968

Paseo de Gràcia, 84
Josep Maria Fargas Falp y Enric Tous Carbó, arquitectos
Bus 2, 22, 28. Metro L3 (Diagonal)

Fargas y Tous, decididos a aportar las ventajas de la tecnología, a pesar del recelo conceptual de la cultura arquitectónica local dominante y de la pereza de la industria, consiguieron obras de gran interés formal. La más lograda es la sede central de Banca Catalana. Su fachada, casi treinta años después, es aún considerada como una de las más bellas que la arquitectura posterior al Modernismo ha dejado en el Ensanche barcelonés, en el que comparte vecindad con algunas obras estelares de la arquitectura local y universal (se halla a escasos cincuenta metros de la Casa Milá de Gaudí).

Está resuelta mediante la alternancia modular de plafones tersos y reflectantes de vidrio atérmico con paneles prefabricados aislantes de superficie alabeada de directriz parabólica –probados ya por los autores en otras obras– que pueden intercambiarse en función de las alteraciones de uso que hubieran podido producirse en el interior. La línea inferior de paneles oculta la gran estructura de apeo de la parte alta del edificio que permite que la planta baja se abra con total diafanidad al exterior, para invitar al transeúnte a la relación comercial y facilitar el tránsito de vehículos.

En la misma línea experimental, Fargas y Tous proyectaron dos edificios más para Banca Catalana, el de la calle Balmes, 236-238 (1975), hoy sede de una Consejería del govierno autónomo, y el de la Diagonal, 662 (1974-1975). En éste, los elementos vegetales se adueñan de las fachadas para crear un paisaje exterior propio.

Antigua Banca Catalana de la calle de Balmes.

67
Edificios Trade

1966-1968

Gran Via de Carles III, 86-94

José Antonio Coderch de Sentmenat y Manuel Valls Vergès, arquitectos

Bus 6, 7, 16, 34, 59, 66, 70, 72, 75. Metro L3 (Maria Cristina)

Coderch reinterpreta en este conjunto de cuatro bloques destinados a oficinas, experiencias similares de los maestros del Movimiento Moderno, tanto en la utilización del muro-cortina como piel uniforme de los volúmenes, como en la capacidad de éstos de constituir por sí mismos un elemento de referencia urbana, hecho justificado de manera especial en lugares –como era en aquel momento esta zona entre la Diagonal y el nuevo cinturón– sin una morfología urbana definida.

La planta curvilínea –que polemiza con la rotundidad prismática de las obras de aquellos maestros– infiere a los cuatro volúmenes una buscada singularidad, subrayada por la belleza de la solución con que se adapta a la curva la carpintería metálica del muro-cortina que aparece así como un auténtico cortinaje dotado de movimiento.

En 1974, Coderch colaboró en la definición volumétrica y epidérmica de los edificios de la Caixa de Pensions (Av. Diagonal, 621), con claras referencias a los vecinos Trade. En los años setenta se generalizó en Barcelona la utilización del muro-cortina o de sus sucedáneos, especialmente en edificios de oficinas, aunque más como lenguaje simbólico de modernidad que por convicción constructiva o paisajística. Uno de los pocos ejemplos interesantes aún no citados es el edificio de Catalana de Occidente (Av. Diagonal, 652-656; 1979) del arquitecto Pere Tomàs de Villota Rocha, en el que la curva es también protagonista.

68
Edificio Torre Colón
1965-1971

C/ Portal de Santa Madrona, 10-12; av. Drassanes, 6-8
Josep Anglada Rosselló, Daniel Gelabert Fontova y
Josep Ribas González, arquitectos
Bus 14, 18, 36, 57, 64, 91. Metro L3 (Drassanes)

La construcción de edificios singulares en altura, iniciada ya en los años cincuenta, fue durante la década siguiente el signo visible del alto rendimiento inmobiliario al amparo de una legislación hecha a medida.

La torre Colón, a pocos metros de las atarazanas medievales, es uno de los edificios paradigmáticos. El alabeo de las fachadas con antepechos de hormigón decorados, y el aparatoso cuerpo hexagonal de coronación culminado con un gran recipiente troncopiramidal invertido en voladizo, hacen de la torre un objeto arquitectónico singular que con los años se ha convertido en un elemento urbano de referencia.

Otros edificios de este tipo son: el de Autopistes (Travessera de Gràcia, 101; 1963-1967), de Claudio Carmona; la Casa de los médicos (plaza de Tetuán, 40; 1967-1972), de Marino Canosa y J.A. Comas de Mendoza; el nuevo Ayuntamiento (plaza de Sant Miquel; 1962-1968), de Lorenzo García-Barbón, y el Banco del Comercio (plaza de Francesc Macià, 7; 1966-1973), de J. Soteras. Entre los mejor resueltos cabe citar el del Banco Atlántico (c/ Balmes, 168-170; 1966-69), de Francesc Mitjans y Santiago Balcells Gorina; el Banco de Sabadell (c/ Rosselló, 216; 1969-72), de M. Francés Marqueta y B. Miró Llort, y el bloque del Patronato de Funcionarios Municipales (c/ Wellington, 54; 1972), de J. Seguí, P. Monguió y F. Vayreda. Las fachadas de algunos de estos edificios están decoradas con relieves de Josep M. Subirachs, ya por entonces el escultor preferido de los poderes públicos y bancarios.

Torre Colón.

Nuevo ayuntamiento.

Patronato de Funcionarios Municipales.

69
Edificio Atalaya   **1966-1970**

Av. de Sarrià, 71; av. de la Diagonal
Federico Correa Ruiz, Alfonso Milá Sagnier y
José Luis Sanz Magallón, arquitectos
Bus 6, 7, 33, 34, 66

Cuando Correa construye su primer edificio en Barcelona, su influencia en las nuevas generaciones de arquitectos se ha producido ya, por medio de la docencia y de una obra valiosa consistente especialmente en trabajos de interiorismo y residencias unifamiliares.

El edificio Atalaya constituyó una de las pocas aportaciones interesantes de la arquitectura singular de gran altura que irrumpió en esta época en el paisaje urbano barcelonés. La planta se compone de cuatro cuerpos colocados en forma de esvástica de brazos de desigual longitud, con las comunicaciones verticales en el centro. Las primeras plantas se destinan a oficinas y el resto a apartamentos, excepto la última que

debía ocupar un restaurante. Las fachadas, resueltas con elementos prefabricados de piedra artificial blanca, reflejan esa variedad, con un incremento de los voladizos en las más altas, que llegan a ser de apariencia maciza en la última.

La situación del edificio con su dimensión más ancha perpendicular a la Diagonal hace que en una visión no frontal desde esta avenida, la más frecuente para el espectador, se manifieste con su proporción menos airosa.

En el mismo estudio se proyectó poco después el edificio Monitor, de la avenida Diagonal, 670-672 (1968-1970), que denota la influencia de Coderch, en cuyo despacho se habían formado Federico Correa y Alfonso Milá.

Atalaya. Planta pisos 16 al 20.

Atalaya. Planta pisos 4 al 15.

Atalaya.

Edificio Monitor.

70
Clínica Corachán (ampliación) **1969**
C/ de Buïgas, 19; plaza de Gironella, 4
Jaume Sanmartí Verdaguer, arquitecto
Bus 16, 70, 74. FF.CC. Generalitat (Tres Torres)

En esta obra, planteada con la ambición propia de un joven militante del «diseño total», late la influencia de la arquitectura italiana contemporánea –que está en la base de la llamada «Escuela de Barcelona»– y que ha prendido con fuerza entre las nuevas generaciones de arquitectos catalanes, a las que pertenece Sanmartí. El proyecto de edificio –no construido– para la escuela ESADE, realizado por Federico Correa –el más significado avalador de esa influencia–, está presente en ésta y en otras muchas obras de aquella generación de arquitectos.

Estas influencias, junto a otros factores endógenos, produjeron un conjunto de arquitecturas (algunas de interés, como el edificio de viviendas de la calle Nàpols, 215, obra del arquitecto Jordi Llorens Perelló, de 1970) cuyas derivaciones menos autocríticas habían de condicionar el paisaje urbano barcelonés de la década siguiente (sirva de ejemplo el edificio Blau de la plaza de Lesseps, 33, de Albert Danés Tejedor, construido hacia 1970). Como iniciadora de este camino retórico sin salida hay que considerar la obra manierista de Miguel Álvarez Trincado, autor de la Cooperativa Sant Genís, de la calle Costa Pacheco, 27 (1968-1969).

En la misma generación de arquitectos, pero con una línea personal muy diferente, se halla Rafael Serra Florensa, autor del Club Deportivo Hispano-Francés de la Vall d'Hebron –Camí de Sant Cebrià (1969).

Casa de la calle Nàpols, 215.

71
Casa Fullà   **1967-1971**

C/ Gènova, 27
Lluís Clotet Ballús y Òscar Tusquets Guillén, arquitectos
Bus 31, 32, 39, 55

En los últimos años sesenta se aprecian síntomas de cambio en la arquitectura catalana. En el planteamiento de los problemas y las soluciones, la corrección (herencia aún del primer *Noucentisme*) dejará paso a la imaginación. En la resolución formal, la eterna influencia italiana remitirá en beneficio de, entre otras, la de algunos arquitectos americanos. Esta renovación tuvo en Òscar Tusquets y Lluís Clotet, asociados entonces e incorporados al Studio PER, dos de los principales protagonistas, y en la Casa Fullà, un hito significativo.

La variedad de tipos de viviendas, la irregularidad del solar en chaflán, la altura de los edificios vecinos, el deseo de aprovechar al máximo la edificabilidad permitida y, sobre todo, la voluntad de ruptura, determinaron una solución –tanto en el aspecto funcional como en lo referente a la fachada– fuera de lo común.

Las viviendas se organizan en uno, dos y tres niveles con la consiguiente riqueza espacial. Ésta, sin duda, debía compensar en los usuarios (posiblemente, no menos fuera de lo común que el propio edificio), las inevitables incomodidades. Esa complejidad interior

no se manifiesta en la fachada, cuya volumetría y elementos constructivos (ventanas, barandillas, etc.) se plantean en voluntaria contradicción con las respuestas habituales.

Una obra contemporánea de los mismos autores es la ampliación de un edificio de viviendas (c/ Sant Màrius, 36; 1969-1971), en la que la elección de los materiales de fachada participa en lo imaginativo de la solución.

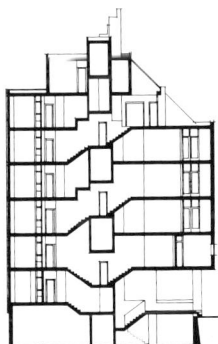

Sección de la Casa Fullà.

Casa de la calle Sant Màrius, 36.

Casa Fullà.

72
Paso inferior Diagonal-Carles III   **1971**
Av. de la Diagonal - Gran Via de Carles III
Carlos Fernández Casado, ingeniero
Bus 6, 7, 59, 70, 72, 75. Metro L3 (Maria Cristina)

La transformación urbana en los primeros años setenta (en especial la apertura
de la actual Ronda del Mig y la mejora
de los accesos a la ciudad), propiciaron
un interesante conjunto de obras del ingeniero Carlos Fernández Casado que
enriquecieron el paisaje urbano de Barcelona desde una vertiente, la obra pública, que como objeto de diseño no
había merecido hasta entonces la atención necesaria.

La más significativa es este paso
inferior en la avenida Diagonal (en cuya
ejecución colaboraron los ingenieros
Bernardo Monclús Jurado y Jaime Teu-
lón), resuelto con audacia (156 m de
longitud y 36 m de luz sin apoyos) y con
tan cuidadoso diseño que resultó fina-
lista del premio FAD de Arquitectura.

Otras obras de Fernández Casado
son: el distribuidor de la plaza Ildefons
Cerdà (1970-1971), con tres viaductos
de 36 m de luz máxima; el paso inferior
de la plaza de Espanya (1970-1971), con
relieves de Subirachs; la pasarela de
peatones de la Gran Via de Carles III en
el cruce con la calle de Mejía Lequerica
(1970-1973), de tres apoyos y escalera
en voladizo en el acceso oeste; el paso
superior, de 24 m de luz, y las pasarelas
de hormigón de la plaza de les Glòries
Catalanes (1973), obras derruidas en la
remodelación de 1992, y la pasarela metálica colgada de cables rectos de la misma plaza (1972), con luz libre entre apoyos de dintel de 96 m, que mereció el
Premio Nacional de Estructuras Metálicas (1975), y el de la Convención
Europea de Construcciones Metálicas,
trasladada en 1992 a la nueva ronda del
Litoral.

73
Conjunto de bloques
residenciales Raset

1967-1973

C/ Raset, 21-31; c/ Freixa, 22-32
José Antonio Coderch de Sentmenat y Manuel Valls Vergès, arquitectos
Bus 14. FF.CC. Generalitat (La Bonanova)

La propiedad, amparada en la práctica urbanística habitual, había previsto en el solar –situado en una zona de edificación baja– un bloque de viviendas de gran altura. Los arquitectos propusieron como alternativa seis edificios menores ordenados simétricamente en dos grupos de tres, con espacios comunes relacionados con el entorno ajardinado, en contacto a su vez con las calles que le rodean. La altura de los bloques resultante y el escalonamiento de los volúmenes superiores, favorecen la integración del conjunto en el entorno.

En cada piso se disponen dos viviendas de gran superficie, con tres zonas diferenciadas, cuya distribución en planta recuerda los famosos edificios unifamiliares de Coderch y Valls: dormitorios alineados y retranqueados, zonas de estar y comedor articuladas en torno a amplias terrazas y zonas de servicio perfectamente relacionadas con las anteriores. La buscada verticalidad de las fachadas (en la que colaboran la disposición de las losetas de revestimiento y las celosías de madera) ayuda a unificar el volumen y a deshacer una posible referencia a viviendas unifamiliares apiladas.

La alta densidad dada por el planeamiento urbano al solar de las antiguas cocheras de tranvías, sugirió también para el conjunto «Les Cotxeres», obra de los mismos autores (paseo de Manuel Girona, 75; 1968-1973), una ordenación que no obligara a alturas excesivas, y a repetir soluciones de planta ya ensayadas en el conjunto de Raset y en otros anteriores.

Conjunto residencial «Les Cotxeres».

74
Banco Industrial de Bilbao   1969-1973

Av. de la Diagonal, 468-472
Josep Maria Fargas Falp y Enric Tous Carbó, arquitectos
Bus 6, 7, 15, 16, 17, 33, 34. Metro L3, L5 (Diagonal)

Sin dejar la experimentación tecnológica y el ensayo de la capacidad plástica que sus resultados permiten, Fargas y Tous proyectaron este edificio en el que la integración en el Ensanche, a diferencia de lo probado en Banca Catalana, se intenta también mediante la asunción de algunos de sus invariantes castizos.

Efectivamente, el ejercicio más interesante de este edificio es tratar de compaginar el mero carácter de muro de cerramiento de la fachada (liberada del papel sustentante por la estructura de pilares metálicos y jácenas mixtas, que posibilita, además, grandes superficies libres en el interior) con su capacidad de integración en el entorno urbano. El resultado es un admirable muro-cortina (en el sentido amplio del término) que abandona la superficie plana e incorpora elementos emparentados con las tribunas residenciales (aquí no obstante, dibujadas en sentido horizontal), mientras el acero en oxidación remite a la piedra.

En la planta baja se instaló en 1974 una de las tiendas que Federico Correa diseñó para la firma Furest. Próximo al BIB (actualmente Banco de Bilbao-Vizcaya) se halla el edificio de la Caixa d'Estalvis i Pensions de Barcelona (av. Diagonal, 522-532; 1968-1973), en el que el muro cortina se protege por un quitasol de lamas verticales orientables de vidrio, obra del arquitecto Xavier Busquets Sindreu, autor también de las Oficinas Sandoz (Gran Via de les Corts Catalanes, 766-768; 1971-1972).

Edificio de la Caixa d'Estalvis i Pensions.

75
Conjunto residencial Bonanova 1970-1973

Paseo de la Bonanova, 92

Oriol Bohigas, Josep Martorell y David Mackay, arquitectos

Bus 22, 64, 66, 75, 94. FF.CC. Generalitat (Sarrià)

Si en la arquitectura residencial del equipo MBM los espacios colectivos interiores cobraron una decisiva importancia a partir de la Casa del Patı, desde los últimos años sesenta estará presente la voluntad de aprovechar al máximo –en beneficio de los usuarios– la relación de los espacios internos con los externos (ya sean éstos los de un patio de manzana redefinido en su función y concepto, o los que la norma urbanística prefigure alrededor de la construcción).

En este caso, en palabras de los autores, «las ordenanzas urbanísticas fijaban en toda la zona un tipo de edificación aislada de elevada densidad que configuraba casi sin excepción la persistencia de bloques longitudinales perpendiculares a la calle, cosa que evitaba

que los espacios sobrantes adquiriesen una expresión y un uso idóneos. La mayor amplitud de este solar permitió organizar dos edificios en L que delimitaban una sucesión de espacios libres: calle de acceso peatonal, entrada al garaje, jardín colectivo-privado, piscina, etc.».

Esta nueva disposición se convierte en el factor más característico de este conjunto de 33 viviendas en una zona residencial de alto nivel económico y la aportación más consistente a la morfología del barrio.

Otros ejemplos de aprovechamiento para la colectividad de los espacios libres comunes se dan en el edificio de viviendas de la calle Rocafort, 242 bis-246 (1971-1973), y en el de la calle Eduard Conde, 50-52 (1975-1979).

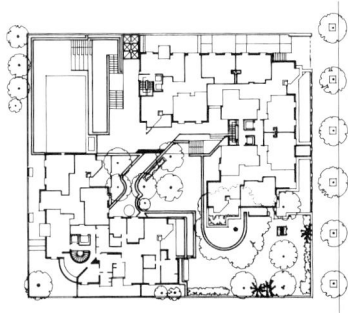

76
Conjunto residencial
Les Escales Park

1967-1973

C/ Sor Eulàlia de Anzizu, 24
José Luis Sert, Jackson & Associates
Estudi Anglada/Gelabert/Ribas (dirección)
Bus 7, 75. Metro L3 (Palau Reial)

El retorno a la escena arquitectónica catalana de uno de sus principales protagonistas en los años inmediatamente anteriores a la guerra civil, no tuvo el eco ni la influencia posterior que cabía esperar. José Luis Sert –mitificado en la distancia no sólo por su obra, sino también por su significación en aquella difícil, dramática, pero añorada época– volvía a Barcelona para realizar un conjunto residencial de alto nivel y, poco después, para materializar una operación cultural, la Fundación Miró, que el gobierno municipal había sabido capitalizar astutamente.

Tampoco los aspectos estrictamente arquitectónicos de su propuesta para este conjunto residencial llamaron la atención, a pesar de la indudable corrección con que se resolvieron la organización general del conjunto y su relación con el entorno urbano, o la caligrafía con que todo fue dibujado. Los prototipos de viviendas «dúplex» ensayados por Le Corbusier en los *Immeubles-villas*, en los que se inspira Sert, quedaban ya lejos cuando la reivindicación del Racionalismo, o ya había remitido, o aún faltaba tiempo para reverdecerse. Y la incorporación de sistemas y materiales propios de la tradición local –con la que Sert y los arquitectos internacionalistas de su generación pretendían ahora «vernaculizar» una arquitectura que, por universal, había perdido capacidad evocatoria–, no fue suficiente. El premio FAD que recibió la obra fue, sobre todo, un acto de desagravio histórico a su autor.

77
Fundación Miró (Centre d'Estudis d'Art Contemporani) 1972-1974

Plaza de Neptú. Parque de Montjuïc
José Luis Sert, Jackson & Associates (proyecto)
Jaume Freixa Janáriz (encargado del proyecto)
Estudio Anglada/Gelabert/Ribas (dirección)
Bus 61. Metro L3 (Paral.lel). Funicular

El pintor, escultor y ceramista Joan Miró quiso para su ciudad la fundación que había de recibir una parte de su obra. La iniciativa fue acogida al vuelo por el municipio que dispuso emplazarla en la emblemática y bien explotada montaña de Montjuïc. Sert, amigo del artista, recibió el encargo de proyectar el edificio, para lo que recurrió a una experiencia propia anterior, la Fundación Maeght de Saint Paul de Vance (1959-1964). El resultado: un luminoso edificio de hormigón blanco perfectamente contrastado en un cuidado entorno vegetal.

Junto al acceso, una torre de planta poligonal –que algunos autores han asociado con los campanarios góticos–, da cabida a la biblioteca y a la sala de actos. Y alrededor de dos patios, uno de ellos con vistas sobre la ciudad, las salas de exposición se suceden a diferentes niveles debido a la topografía del terreno. Las salas se iluminan cenitalmente, por lo que los paramentos de las fachadas aparecen herméticos, rotundamente planos, sin apenas huecos ni

ornamentos, mientras que los elementos curvos que permiten esa entrada de luz perfilan la imagen exterior más característica.

Entre 1987 y 1988, por necesidades de uso, el edificio fue ampliado con un criterio –tanto en los aspectos espaciales como formales– de mimetismo respecto de la obra preexistente, por el arquitecto catalán Jaume Freixa, colaborador de Sert en el proyecto original.

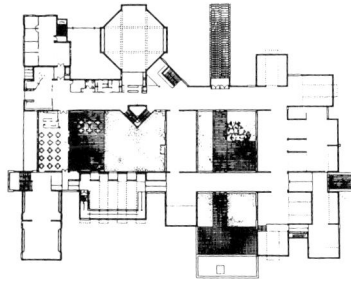

78
Instituto Francés

1972-1975

C/ Moià, 8
José Antonio Coderch de Sentmenat, arquitecto
Bus 6, 7, 15, 27, 30, 33, 34, 58, 64

Coderch (con quien ya no colaboraba Manuel Valls) propuso a la propiedad renunciar a una parte de la edificabilidad del solar para conseguir que el edificio docente tuviera las condiciones óptimas en cuanto a su ubicación en la manzana, tanto en los aspectos funcionales como de representatividad. El resultado fue ocupar en planta baja sólo la parte trasera del solar –lo que permite un patio y un espacio ajardinado junto a la calle– y levantar un bloque exento de siete plantas, cuya fuerza expresiva se apoya sólo en la rotunda volumetría y en la euritmia de un único tipo de vano, alargado y vertical, que se repite a lo largo y ancho de todas las fachadas.

Las superficies opacas de las fachadas son, en consecuencia, un entramado de macizos verticales (que actúan como quitasol y protegen también de las vistas a las aulas), cortados por las líneas horizontales de los forjados, revestidos de losetas cerámicas, también dispuestas en vertical. La carpintería metálica se dispone en el plano exterior de la fachada para unificar su superficie.

En el proyecto original el último piso se preveía cerrado con un muro ciego y tras él la vivienda del portero, abierta al patio interior, idea que sin duda hubiera favorecido la rotundidad de la composición. El municipio obligó a perforar el paramento y Coderch optó por repetir –ahora sin más justificación que la de no alterar la unidad– el vano vertical, ya sólo cerrado en parte por una barandilla.

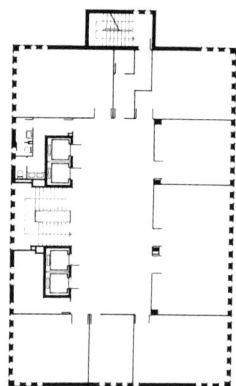

79
Escuela Thau   1972-1975

Carretera d'Esplugues, 49-53

Oriol Bohigas, Josep Martorell y David Mackay, arquitectos

Bus 75. Metro L3 (Zona Universitària)

La renovación pedagógica acostumbra a ir acompañada de una revisión de la arquitectura escolar. A la efectiva labor de la Comisión de Cultura del Ayuntamiento de Barcelona en la tercera década del siglo, correspondió la renovada arquitectura de Josep Goday. Las reformas consecuentes a la recuperación de la democracia en 1978 han tenido por escenario una arquitectura pública homogénea, aunque diversa en lo formal. La renovación de la pedagogía en Cataluña durante los difíciles años de la II Dictadura corrió a cargo, casi exclusivamente, de la iniciativa privada. También tuvo su reflejo en la arquitectura. La Escuela Thau es un ejemplo.

El programa se distribuyó en dos edificios de tres plantas –uno para parvulario y EGB, y otro para BUP–. Construidos en cotas diferentes para adaptarse a la topografía, el terreno en desnivel que les separa se aprovechó para crear un espacio de relación y juegos en forma de anfiteatro. La distribución de los espacios interiores y exteriores y su interrelación, el tratamiento de las fachadas con muros cortina y la preocupación por conseguir unos ámbitos transparentes y bien iluminados son componentes básicos puestos al servicio de una pedagogía activa. En 1986 se construyó en el recinto un pabellón polideportivo, obra de Josep M. Gutiérrez, Pere Riera y Jordi Fargas.

Otro equipamiento privado proyectado por el equipo MBM en esta década es la Clínica Augusta (c/ Madrazo, 8-10; 1971-1975).

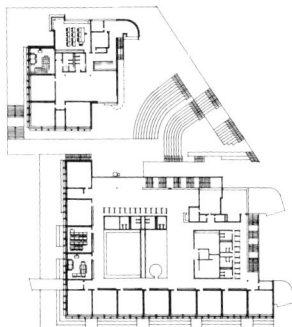

80
Edificio de viviendas   **1971-1974**

C/ Treball, 197
José Antonio Martínez Lapeña y Elías Torres Tur, arquitectos
Bus 40, 42, 43, 56, 544

La torre, un prisma de planta rectangular, actúa como referente visual de una zona que se urbanizó y construyó, fundamentalmente en la década de los sesenta, con edificios de poca calidad formal y material. Alberga ochenta viviendas distribuidas en dieciséis plantas. Las de los extremos del rectángulo son simples y las dos del centro se desarrollan en dos niveles, lo que se manifiesta en la composición exterior de los elementos de fachada creando un atractivo juego asimétrico de huecos y voladizos. Los paramentos son de obra vista, con grandes paños ciegos y lisos en los testeros y en la fachada norte, que contrastan con los volúmenes destacados de las aberturas-tribunas, concentradas en la fachada sur.

En el crepúsculo de la II Dictadura, la arquitectura de mayor interés que se construye en Barcelona son edificios de viviendas de promoción privada, hecho que en nada ha de extrañar. En la primera mitad de la década se construyen los edificios de la calle Tres Torres, 44-50, de Lluís Nadal Oller (1970-1974); de la calle de la Costa, 55-57, de Josep Alemany y Josep Emili Hernández Cros (1971-1974); de la calle Tòquio, 2, de Josep Bonet y Cristian Cirici (1972-1974); de la calle Freixa, 11 y 13, de Santiago Balcells Gorina (1973-74), y el de la calle Duquessa d'Orleans, 1, de Emili Donato Folch (1973-1976). En la vecina ciudad de Sant Just Desvern, Ricardo Bofill construye entre 1970 y 1975 para una cooperativa el complejo Walden 7, llamado entonces «ciudad en el espacio», hoy en proceso de degradación y restauración permanentes.

Casa en la calle de Tòquio, 2.

Edificio c/Treball, 197.

Casa en la calle Tres Torres, 44-50.

81
Edificio Frègoli

C/ Madrazo, 54-56
Esteve Bonell Costa, arquitecto
Bus 58, 64. FF.CC. Generalitat (Muntaner)

Desde que los racionalistas anunciaran propiedades higiénicas y terapéuticas –quizá nunca del todo explicadas–, en la distribución de las viviendas en dos niveles, recurrir a ellas ha sido una constante en la arquitectura comprometida con la cultura. Constatadas también sus posibilidades espaciales y la eficacia de su reflejo en fachada como recurso plástico (que ya fueran quizá en los años treinta las auténticas razones de su uso), los «pisos dúplex» proliferaron en la Barcelona de los años setenta, posiblemente más que el número de usuarios capaz de desearlos.

En este edificio, Bonell apostó fuerte y apuró todas las posibilidades internas y externas de este tipo de organización de la vivienda. La asimetría de la composición, el fraccionamiento de los volúmenes, la diversidad de elementos (quitasoles de lamas orientables, tribunas acristaladas, barandillas metálicas), unidos a la opacidad de las dos últimas plantas –en un intento, algo ingenuo quizá, de despegarlas del resto de la composición para «acabar» el edificio a la misma altura que los vecinos–,

eran muchos factores de riesgo para una fachada que pretendía ser fiel al interior. Por fortuna, la habilidad del arquitecto pudo sortearlos.

Esteve Bonell, aún estudiante, realizó, en colaboración con el arquitecto Xosé M. Casabella, el edificio de viviendas de la avenida de Madrid, 142 (1969), cuya agitada fachada pretende huir, sin conseguirlo todavía, de los tics manieristas, felizmente superados sólo tres años después en el proyecto del edificio Frègoli.

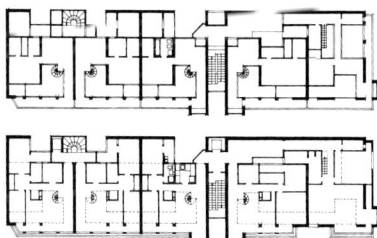

82
Edificio de viviendas

1971-1976

Av. del Coll del Portell, 52
Francesc Rius Camps, arquitecto
Bus 24, 31, 32, 74

Además del modelo «dúplex», en los años setenta se extendió la costumbre de introducir desniveles en la arquitectura doméstica, sobre todo la sala de estar-comedor. La transcripción de estas prácticas a las viviendas reducidas comportó algunos riesgos. Las escaleras estrechas y pinas, los peldaños inadvertibles, los rincones sin uso posible, podían hacerlas incómodas, sin que ganaran en riqueza espacial.

En este edificio, el arquitecto asumió estos riesgos sin conseguir soslayarlos del todo, aunque supiera rentabilizar en la composición de las fachadas esa disposición de las viviendas. La singularidad de este edificio encaramado en la montaña radica, sin embargo, en el material dominante: estructura, terrazas, pasarelas, algunos cerramientos e incluso los cuerpos cilíndricos exentos de la escalera y el ascensor, fueron resueltos en hierro. El resultado, más que derivado de un proceso de racionalización constructiva, debe considerarse como un interesante ejercicio de artesanía de lenguaje tecnológico predeterminado.

En el contemporáneo edificio de viviendas de la calle de Galileo, 281-285, obra de Helio Piñón Pallarés y Albert Viaplana Vea (1974-1976), el sacrificio de la racionalidad de la planta en beneficio de su «originalidad» y de unos resultados formales en fachada, anuncia ya el esteticismo que va a imperar en gran parte de nuestra arquitectura en el último cuarto de siglo, actitud de la que estos autores serán paladines.

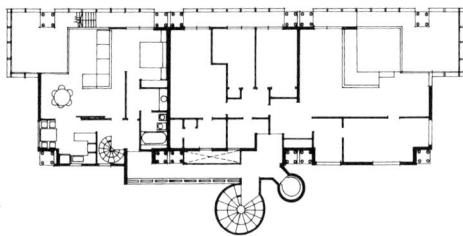

Viviendas en la calle de Galileo, 281-285.

1978-2000

La muerte del general Franco el último año del tercer cuarto del siglo había de tener una notoria influencia en el devenir de la arquitectura en España. La renovación política y social que se viviría poco después iba a propiciar diversos fenómenos con incidencia directa en ella. Los resultados empezarán a manifestarse con la reforma de las estructuras políticas, especialmente las de carácter local. Por ello hemos fijado el inicio de este capítulo en 1978, año en que se aprueba la nueva Constitución que abría la puerta de la democracia.

Esos fenómenos son: una nueva sensibilidad hacia el pasado (monumentos, lugares, conjuntos o centros históricos); un aumento cuantitativo muy notable de las actuaciones públicas (vivienda social, equipamientos, reformas urbanas, etc) y la incorporación a este quehacer público de profesionales con un planteamiento cultural de la arquitectura.

La vieja arquitectura histórica

El primero de estos fenómenos –que tiene también otras raíces y concomitancias culturales y económicas– hizo que una buena parte de las obras más significativas de este período guardasen relación con la arquitectura histórica. Desgraciadamente, sin embargo, la calidad no fue pareja a la cantidad. La desorientación en la teoría y la práctica de la restauración monumental fue manifiesta a lo largo de todos esos años.

La confusión sobre el concepto de patrimonio (valorado en ocasiones más por sus capacidades económicas que culturales o, en otras, relegada su esencia documental frente a la arquitectónica); la escasez de profesionales con capacidad de reflexión sobre la actuación en monumentos y tejidos históricos, fruto de tantos años de marginación y olvido de la cultura de la restauración; la precariedad de los instrumentos de control, asesoramiento y distribución racional de recursos por parte de la nueva administración democrática, fueron algunas de las causas de esa situación generalizada.

En Barcelona, a pesar de algunas apariencias, el fenómeno tendrá además un alcance muy limitado. Los sucesivos ayuntamientos democráticos de la ciudad, fascinados por la tarea de hacer presente el futuro, no prestaron suficiente atención al pasado. Los frágiles mecanismos de protección heredados de la dictadura no fueron renovados (a pesar de la manifiesta obsolescencia de la ordenanza estética sobre el Ensanche y la insuficiencia del catálogo de edificios a proteger) y la valoración cultural de la arquitectura histórica se mezclaría con una mediatización política y comercial de su significación colectiva.

Todo ello hizo que, si bien las actuaciones sobre el patrimonio fueran en ese período numerosas en Barcelona (se reutilizan palacios y monasterios, se reconstruyen arquitecturas perdidas, se limpian fachadas y se rehabilita todo tipo de edificios), pocas son las que puedan definirse como restauraciones científicas o, simplemente, como actuaciones ciertamente respetuosas.

La nueva arquitectura pública

En este período, por otra parte, la democratización de las estructuras políticas supondría una mayor presencia pública en todas las actividades relacionadas con la colectividad, exigida y urgida además por la necesidad de enjugar déficits heredados. Este fenómeno se plasmó en un incremento espectacular de las obras de promoción pública (escuelas, centros cívicos, instalaciones deportivas, culturales, institucionales, y de servicios, parques, vías y espacios urbanos, etc).

Barcelona, además, vivió durante este último cuarto de siglo un acontecimiento bien significativo a este respecto: la celebración de los Juegos Olímpicos de Verano de 1992. Este hecho, trascendental en una ciudad acostumbrada a renovarse en ocasiones semejantes, precipitó la profunda reforma urbana iniciada de la mano de Oriol Bohigas ya antes de plantearse el objetivo olímpico. Barcelona iba a ser de nuevo «la ciudad de los prodigios» que glosara Eduardo Mendoza.

La propia renovación de las estructuras políticas y administrativas iba a propiciar, además, que esta arquitectura de promoción pública pudiera ser proyectada por profesionales preocupados en dar a su obra el necesario nivel de calidad que la nueva situación exigía. La reforma de infraestructuras y la producción arquitectónica derivadas de la transformación de la ciudad alcanzarían, en consecuencia, un interés que iban a situar a Barcelona en el punto de mira de la cultura mundial. El velódromo de Horta, de Bonell y Rius; la plaza dels Països Catalans, de Piñón y Viaplana; la torre de Collserola, de Foster; el puente

Restauración de la Casa de Alturas. Víctor Argentí, arqto. (1985-1989).

Ordenanza del Ensanche. Casa c/ Mallorca, 205 (1983-1984).

de Bac de Roda, de Calatrava; el palacio Sant Jordi, de Isozaki, y las nuevas terminales del aeropuerto, de Bofill, son, junto al pabellón de Badalona de Bonell y Rius, muestras de esta arquitectura pública singular valorada en el contexto de una ambiciosa reforma urbana.

El papel hegemónico –cuantitativa y culturalmente– de esta arquitectura pública paradigmática durante este período se hace evidente en la selección de obras expuesta a continuación. A diferencia de los dos capítulos anteriores, en los que predominaba la obra privada, en la relación de obras de este tercer capítulo la obra pública ocupa más de tres cuartas partes.

El esteticismo como actitud

En el terreno estrictamente disciplinar, la arquitectura local durante este período se ve limitada por causa de sus contradicciones. Si bien, en conjunto, se significa por un apreciable nivel de creatividad, se halla condicionada por la cronicidad de algunos vicios y talantes aparecidos unos años antes: la infravaloración de la funcionalidad y del conocimiento constructivo como factores determinantes del diseño, y el esteticismo como actitud proyectual.

La disociación entre diseño y utilidad tiene una especial gravedad al estar esa arquitectura, como decíamos, destinada a la colectividad. La dicotomía entre proyecto y conocimiento constructivo es también consecuencia directa del tipo de enseñanza que se imparte en nuestras escuelas de Arquitectura. Por otra parte, esconde una aparente contradicción: en esos años es manifiesto un aumento de los especialistas (en cálculo, en instalaciones, etc) que colaboran en la redacción de esos proyectos. Pero ciertamente la dicotomía existe, ya que, muchas veces, el conocimiento constructivo de los especialistas se limita a «hacer posible» un diseño elaborado en base a este esteticismo como actitud proyectual previa.

Por ello el resultado es muchas veces una arquitectura frágil y prematuramente caduca, inmune ante determinadas influencias estilísticas ajenas a nuestro contexto, concebida más para el debate intraprofesional en foros especializados que para el disfrute de sus destinatarios.

Hotel Podium, M. Bayarri, J. Gómez, J.A. Cordón, A. Canal, arqtos.

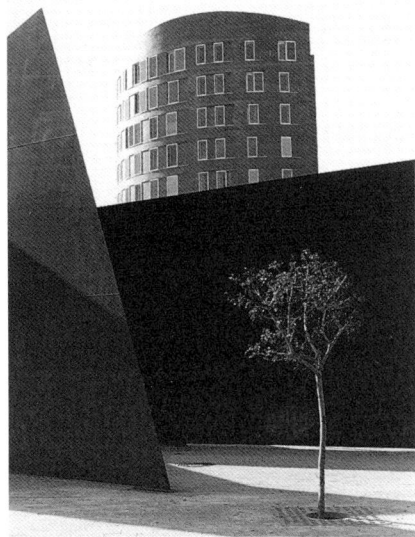

Detalle de la Villa Olímpica.

Pabellón polideportivo municipal de Badalona. E.Bonell y F. Rius, arqtos.

La arquitectura posolímpica

La mayor parte de las obras iniciadas al amparo de la reforma urbana potenciada por los Juegos Olímpicos de Verano de 1992 se acabaron en 1993. Algunas, sin embargo, se han extendido a lo largo de toda la olimpiada de Atlanta, y otras hasta han superado la fecha de los Juegos de Verano que la culminaron en 1996. Ese fue el caso de la reforma del Palacio Nacional de la Exposición Internacional de Barcelona de 1929 con el fin de instalar el renovado Museo Nacional de Arte de Cataluña, iniciada en 1985. El edificio fue sometido a importantes obras de consolidación y reforma proyectadas por la arquitecta italiana Gae Aulenti y dirigidas por el arquitecto catalán Enric Steegman. La remodelación de aquel

World Trade Center, I.M. Pei, arqto. (1999).

palacio que nació con vocación de efímero, ha recibido una crítica muy severa, especialmente por parte de la ciudadanía, tanto por la intervención en la arquitectura preexistente, como por el planteamiento museográfico.

Otras actuaciones que superaron con creces la fecha de la cita olímpica barcelonesa fueron la transformación de la antigua Casa de Caridad, edificio histórico derribado en parte para construir en el solar resultante el Museo de Arte Contemporáneo de Cataluña, iniciado en 1987 según proyecto del arquitecto Richard Meier y acabado en 1995; el edificio "Illa Diagonal", iniciado en 1986 y concluido en 1993, el Edificio de Caja de Madrid (Avda. Diagonal, 640, junto a la Avda. Sarrià), de Josep Maria Fargas y Enric Tous; el Centro de control de transporte de energía eléctrica, en la avenida del Paral.lel, de Salvador Pérez Arroyo. En 1997 se construyó el Teatre Nacional de Catalunya, de Ricard Bofill, y a principios de 1999 se acabó el vecino Auditorio, de Rafael Moneo, ambos de caracter público, situados en la plaza de les Arts.

En estos años posolímpicos (1992-2000) la iniciativa pública ha continuado protagonizando los episodios arquitectónicos más interesantes de la ciudad, gracias, sobre todo, como podrá verse en las últimas fichas de este capítulo, a que el renovado impulso por dotar a la ciudad de las instalaciones universitarias adecuadas ha ido acompañado de una voluntad explícita de mantener un alto nivel de calidad en su diseño.

Tanatorio de Les Corts. Marina Salvador, arqta. (1996).

Facultad de Ciencias de la Comunicación. Universidad Ramon Llull. Dani Freixes, arqto. (1996).

83
Escuela Técnica Superior de
Arquitectura (ampliación)   1978-1982

Av. de la Diagonal, 649
José Antonio Coderch de Sentmenat, arquitecto
Estudio Coderch de Sentmenat
Bus 7, 75. Metro L3 (Zona Universitària)

El auge de la industria de la construcción a consecuencia del desarrollo económico de los años sesenta contribuyó a difundir la creencia en la alta rentabilidad de la profesión de arquitecto. El consiguiente incremento de alumnos atraídos por esta expectativa, hizo que la Escuela de Arquitectura resultara pequeña a los quince años de inaugurada. Se pensó entonces en la ampliación, y se encargó al arquitecto que más había contribuido al renacer y el mantenimiento de un nivel de calidad de la arquitectura catalana en las últimas décadas, una decisión inteligente en el inicio de un nuevo período de la arquitectura local.

La ampliación, situada en la parte posterior del edificio preexistente, se desarrolla en dos plantas escalonadas para salvar el desnivel entre la cota del vestíbulo principal y la calle posterior. La forma curva de la planta se relaciona, según el autor, con la voluntad de orientar las aulas al norte y hacia el jardín, para que los alumnos «puedan mirar al exterior y distraerse en ciertas ocasiones». Las aulas centrales, orientadas al sur, se iluminan a través de patios para conseguir luz directa y tamizada. El tratamiento exterior se resolvió, como en obras anteriores, con loseta cerámica vertical que se adapta bien al sinuoso perfil de los muros.

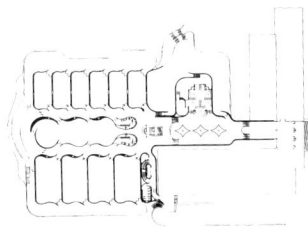

Planta subterránea.

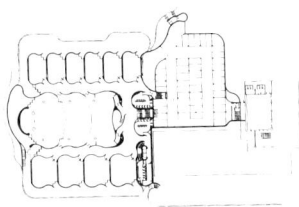

Planta baja.

84
Conjunto residencial Pi i Molist   1978-1981
C/ Doctor Pi i Molist, 39-63
Jordi Garcés Brusés y Enric Sòria Badia, arquitectos
Bus 11, 12, 31, 32, 47, 50, 51, 77. Metro L5 (Virrei Amat)

El conjunto se construyó por iniciativa del Instituto Nacional de la Vivienda, con un programa de 63 viviendas de unos 75 m², garaje y locales comerciales. Se compone de dos bloques rectangulares paralelos que se separan entre sí para dar cabida a un espacio central longitudinal cubierto con claraboya donde están ubicados los núcleos de escaleras. Todas las dependencias se abocan al exterior, bien a la calle, al patio de manzana o al espacio central, con el fin de evitar patios de luces intermedios.

El esquema distributivo de las viviendas responde a un deseo de dar flexibilidad a los espacios comunes cuando convenga, por lo que se han dispuesto cerramientos móviles de separación entre ellos. Sólo los dormitorios se abren al espacio central para asegurar el silencio y la limpieza. Las fachadas, totalmente planas, de gran austeridad y sencillez compositiva, están realizadas en obra vista.

85
Grupo residencial Río de Janeiro   1978-1981

Av. del Río de Janeiro, s/n; c/ Sanchis Guarner, 14-16, 7-9
Lluís Nadal Oller, arquitecto
Bus 12, 73. Metro L4 (Lluchmajor)

El Patronato Municipal de la Vivienda fue el promotor de este conjunto residencial que había de paliar el déficit de viviendas económicas en el sector nordeste de la ciudad. La operación comportaba también una remodelación urbana de la zona (35 hectáreas de los terrenos de la antigua estación de ferrocarril de Sant Andreu), por lo que la idea proyectual partió de la voluntad de conferir un carácter urbano propio al conjunto edificado.

La entrada al recinto se hace a través de dos torres de once plantas que flanquean una calle peatonal y a la que se adosan a cada lado dos bloques longitudinales de menor altura (cinco plantas). En este paso se sitúan los accesos a las viviendas. El tratamiento de las fachadas es unitario, con paramentos lisos de obra vista y con un ritmo de aberturas regular y simétrico para cada finca. Los espacios exteriores actúan como elementos de articulación de la actividad colectiva y a la vez permiten solventar el problema del notable desnivel entre los extremos del terreno.

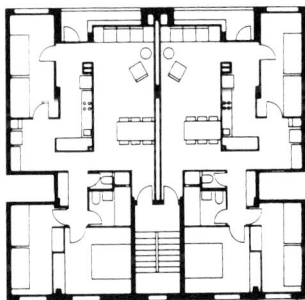

86
Centro de E.G.B. La Farigola del Clot

1977-1980

C/ Hernán Cortés, s/n
Jordi Bosch Genover, Joan Tarrús Galter y Santiago Vives
Sanfeliu, arquitectos
Bus 18, 62, 92. Metro L1 (Clot)

Fue promovido por el Ayuntamiento de Barcelona y se ubicó en un solar que había sido propiedad de la red de ferrocarriles RENFE. El edificio adopta en planta la forma de T, situándose en el lado mayor el porche de entrada con las dependencias administrativas y un ancho pasaje cubierto con claraboya que resuelve gran parte de la circulación del centro. A cada lado de este eje se encuentran las salas de uso común que pueden ampliarse mediante grandes ventanales móviles abiertos al pasaje. En el cuerpo transversal se sitúan las aulas, con paneles de madera móviles para posibles redistribuciones.

La concesión del Premio FAD de Arquitectura 1980 a este centro escolar fue un reconocimiento explícito del nivel de calidad que empezaban a tener las obras de promoción pública.

De los mismos autores es el Colegio Público El Sagrer, en la calle Costa Rica, 26 (1980-1983). Los arquitectos Ramon Artigues Codó y Ramon Sanabria Boix realizaron entre 1984 y 1986 el Colegio Público Sant Joan de Ribera (c/ Aragó, 616).

87
Escuela Pública Eduard Fontseré
(La Teixonera)   **1978-1982**

C/ Farnés, 60; c/ Pantà de Tremp, s/n
Josep Emili Donato Folch y Uwe Geest, arquitectos
Bus 19, 86

En la nueva arquitectura pública de los primeros años de la recuperada democracia tienen un protagonismo cuantitativo los edificios destinados a escuelas, algunos de ellos de notable interés arquitectónico. El colegio público La Teixonera fue uno de los promovidos por el Ayuntamiento de Barcelona y el Ministerio de Educación y Ciencia a final de la década de los setenta, con el fin de equipar los barrios más deprimidos, en los que los centros de enseñanza eran escasos.

Está situado en una zona periférica de la ciudad, junto a la avenida del Vall d'Hebron, en un entorno urbano caótico y denso. La idea proyectual parte de la premisa de que los edificios públicos de nueva planta construidos en barrios de escasa entidad «están obligados a señalar con toda la fuerza y sencillez posibles su voluntad de ordenar y reconstruir el paisaje de la ciudad». El resultado es una serie de volúmenes articulados de manera que el cuerpo central, longitudinal y porticado, actúa como muro de contención al que se le adosan, por un extremo, un cuerpo triangular donde se halla la sala polivalente que recibe la luz natural a través de una columna central acristalada, y por el otro, una rotonda de uso colectivo, conformando el patio de juegos.

Otros centros escolares de esta época son el Colegio IPSI (c/ Comte Borrell, 243-249, Josep Benedito, Jaume Llobet y Agustí Mateos, 1975-1978), y el Instituto L'Alzina (pasaje Salvador Riera, 2, Gabriel Mora y Jaume Bach, 1978-1982).

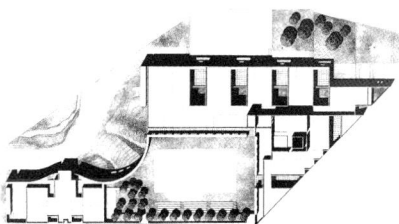

88
Tienda BD. Ediciones de Diseño
(Casa Thomas)   **1979**

C/ Mallorca, 291
Studio PER. Cristian Cirici Alomar, arquitecto
Bus 20, 21, 43, 544. Metro L3, L4, L5 (Diagonal, Verdaguer)

Está situada en las plantas bajas y semisótano de la casa Thomas –construida en 1895 por el arquitecto Lluís Domènech Montaner–, en el lugar que ocupara la industria de artes gráficas del mismo nombre, que cerró sus puertas en 1973. En la reforma se dividió la planta sótano en dos espacios: uno para almacén y otro para escaparate, única zona visible desde la calle. El cerramiento exterior –una gran luna– protege la vidriera policroma y la reja del ventanal de la planta alta y permite ver el espacio-escaparate de doble altura que comunica las dos plantas y que coincide con el patio central del edificio, a través del cual recibe la luz por una claraboya.

Esta obra fue considerada como pionera en una nueva manera de entender la actuación en el patrimonio monumental, juicio avalado por la concesión del Premio Nacional de Restauración de 1979, que se otorgaba por primera vez.

Otras actuaciones significativas en el patrimonio arquitectónico en aquellos años las firman los arquitectos Jordi Garcés y Enric Sòria: la reforma de un antiguo asilo para Museo de la Ciencia (c/ Teodor Roviralta, 55, 1979-1980), y la reforma del palacio Meca, en la calle Montcada, 19, para ampliar las instalaciones del Museo Picasso (1981-1986), obra polémica ya que algunas decisiones del proyecto y las prisas con que se realizó perjudicaron algunos valores históricos y formales del antiguo edificio.

Museo de la Ciencia.

89
Pabellón de la Merced.
Hospital de San Pablo   1979-1980

C/ Sant Antoni Maria Claret, 167
Antoni González Moreno-Navarro, Víctor Argentí Salvadó y
José Luis González Moreno-Navarro, arquitectos
Bus 15, 19, 20, 45, 47, 50. Metro L5 (Hospital de Sant Pau)

El Pabellón de la Merced era el único edificio del conjunto hospitalario modernista concebido por Lluís Domènech Montaner que llegó al final de la década de los setenta sin alteraciones graves, aunque su deteriorado estado recomendaba una urgente consolidación. Se realizó una intervención conjunta y coordinada entre el Ministerio de Cultura y el Hospital. El primero promovió la restauración exterior y el segundo la interior y la instalación del área de obstetricia.

Los criterios básicos de la intervención fueron: devolver al edificio su estado primitivo con la mayor fidelidad y potenciar el diálogo entre la obra original y la nueva instalación reversible. Este diálogo había de favorecer la contemplación y la comprensión de la obra domenequiana pero sin renunciar a que lo nuevo tuviera sus propios valores y expresividad. La implantación en la nave central de unos volúmenes contenedores de las funciones médicas, cuya sección y dimensiones permiten ver y comprender el espacio original, y el tratamiento casi doméstico de los espacios destinados a las parteras para facilitar su relajación, son dos de los rasgos más significativos de la actuación que mereció el Premio FAD de Restauración 1980.

La adaptación del Pabellón del Ave María de la Maternidad de Barcelona para sede de la Consejería de Sanidad, realizada por los arquitectos Andreu Bosch, Lluís Cuspinera y Josep María Botey, fue reconocida también con el Premio FAD (1983).

90
Colegio y Centro Cívico
«La Sedeta»   1978-1983

C/ Sicília, 303; c/ Indústria

Ricard Fayos Molet, Pere Giol Draper, Ferran Llistosella Vidal y
F. Xavier Llistosella Vidal, arquitectos

Bus 15, 20, 45, 47. Metro L5 (Sagrada Família), L4 (Joanic)

La restauración y reutilización de viejos edificios con valores arquitectónicos, históricos o significativos fue un objetivo de los nuevos ayuntamientos democráticos y, al mismo tiempo, un medio para paliar el déficit de equipamientos públicos heredado de la época anterior.

La reconversión en equipamiento escolar y de ocio de la fábrica de La Sedeta es un ejemplo interesante de este reciclaje arquitectónico, resuelto con habilidad y eficacia. El edificio ocupaba prácticamente media manzana del Ensanche. Las dos antiguas alas fabriles que se alinean con las calles Indústria y Sicília albergan ahora los centros de EGB y BUP y el Centro Cívico. Del cuerpo que daba a la calle Sant Antoni Maria Claret, para que no se perdiera la antigua imagen que el vecindario tenía del recinto, se conservó la fachada, detrás de la cual se sitúan ahora las pistas de juego de los centros de enseñanza y la plaza abierta creada en el interior del patio de manzana.

Otro ejemplo de rehabilitación de un edificio industrial para equipamiento es el de los antiguos talleres de FIAT, convertidos en el Colegio Público Les Corts (calle Eugeni d'Ors, 2), obra de los arquitectos Sergi Godia, Juli Laviña, Josep Urgell, Pilar de la Villa, Pere Aixas y Xavier Gomà y del aparejador Joan Ardévol (1979-1981).

Colegio público Les Corts.

91
Centro Cívico Les Cotxeres de Sants

1977-1984

C/ Sants, 79-81; c/ Olzinelles, 19; pl. Bonet i Muixí
Ricardo Pérdigo Nardiz, Antoni Pujol Niubó y
Tomàs Rodríguez Coll, arquitectos
Bus 56, 57. Metro L1, L5 (Plaça de Sants)

Durante la década de los setenta fueron frecuentes en los barrios de Barcelona las reivindicaciones populares de zonas o edificios industriales o de servicios que habían quedado obsoletos para ser transformados en equipamientos. La lucha de las entidades políticas, sociales y culturales del barrio de Sants reclamando para este fin las antiguas cocheras de tranvías, dieron su fruto.

En 1977 se convocó un concurso de anteproyectos y en 1978 el Ayuntamiento de la ciudad encargó al equipo ganador la redacción del proyecto definitivo que debía abarcar tanto las antiguas instalaciones recicladas como su entorno urbano más inmediato, en el que destacaban como hitos más representativos la antigua parada de carruajes, las propias cocheras de los tranvías, la iglesia de Santa Maria de Sants y una masía denominada Casa del Rellotge.

Se planteó obtener el máximo rendimiento de los espacios existentes –plazas y edificios–, sin anular su valor simbólico y cívico, extrayendo de ellos la máxima rentabilidad social y funcional. Más tarde se añadió al conjunto el edificio Josep Miracle, en la calle Olzinelles esquina con la plaza de Málaga (ahora, de Bonet i Muixí), destinado a residencia para jubilados y otros servicios. El proyecto de rehabilitación de este edificio fue realizado entre 1986 y 1988 por Ricardo Pérdigo y Tomàs Rodríguez.

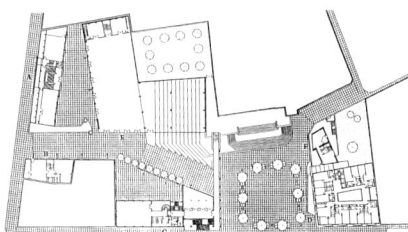

92
Plaza dels Països Catalans 1981-1983

(Plaza de la estación de Sants)
Helio Piñón Pallarés y Albert Viaplana Vea, arquitectos
(col. Enric Miralles, arquitecto)
Bus 27, 30, 43, 109, 544. Metro L3, L5 (Sants-Estació)

La plaza de la nueva estación terminal era en realidad un retal urbano rodeado de arquitecturas de escasa entidad y de amplias vías de circulación. Al afrontar su urbanización se contaba, además, con la servidumbre de no ser posible una actuación ni pesada ni vegetal, dadas las características del suelo, por debajo del cual discurren las vías del tren. Por todo ello, la idea motriz fue dotar a aquel espacio de una monumentalidad y fuerza expresiva capaces de minimizar el entorno y aportar una nota poética a este sector urbano.

Se colocaron una serie de objetos metálicos –más escultóricos que arquitectónicos– dispersos por la alfombra de granito rosa que forma el pavimento: la pérgola de cubierta ondulada, el amplio palio de 15 metros de altura, la doble hilera de surtidores inclinados, las vallas, los artefactos de iluminación, etc. Esta solución se ha justificado como el resultado de metáforas o discursos conceptuales. Para la población en general, que no acostumbra a entenderlos, este espacio ha quedado como paradigma de «plaza dura», concepto contrapuesto al de plaza verde, en el marco de una absurda polémica que vivió la ciudad por aquellos años.

La plaza, premio FAD 1983, fue objeto de una primera restauración entre 1991 y 1992. Los mismos arquitectos proyectaron el Parque del Besòs (ronda de Sant Raimon de Penyafort, c/ Cristòfol de Moura, 1982-1987), en una zona periférica y degradada de la ciudad.

93
Edificio de viviendas Frègoli II 1981-1983

C/ Brusi, 19

Esteve Bonell Costa, arquitecto

Bus 16, 17, 27, 30. FF.CC. Generalitat (Plaça Molina-Sant Gervasi)

Los que habían de convertirse en rasgos más característicos del lenguaje arquitectónico de la década de los ochenta se hallan ya presentes en este edificio de viviendas que, a pesar de su aspecto de residencia unifamiliar, contiene cuatro viviendas en «tríplex», dos de ellas abiertas a la calle y las otras dos al patio de manzana, distribución que permite paliar las dimensiones del solar. La fachada está tratada con piedra artificial abujardada mientras que la posterior, que se abre al jardín, es de obra vista. Los accesos –vestíbulo y escalera– están acabados con madera de teca y mármol blanco.

El desarrollo de la vivienda en tres plantas organizadas en torno a un núcleo central de servicios y escalera se da también en las viviendas de la calle Sant Cugat del Vallès, 1-3, de Francesc Rius Camps (1979-1981), rematadas con un ático-invernadero para mejor aprovechamiento de la energía solar. Del mismo año 1981 son el edificio de viviendas de la calle Bertran, 67, de Carles Ferrater Lambarri, que insiste en la organización en dúplex claramente manifestada en el exterior, y la casa Olèrdola, en la plaza d'Olèrdola, 3, de Jaume Bach y Gabriel Mora.

Casa Olèrdola.

94
Velódromo de Horta

Paseo de la Vall d'Hebron; paseo de Castanyers
Esteve Bonell Costa y Francesc Rius Camps, arquitectos
Bus 27, 73, 76, 85. Metro L3 (Montbau)

El edificio es básicamente un cilindro semienterrado y de poca altura, en cuya superficie vista se alternan los paramentos opacos de ladrillo y la sucesión de pilares apantallados, coronados todos por una simple pero rotunda lámina horizontal a modo de cornisa. La forma circular del perímetro permite que entre ella y las gradas paralelas a la pista de madera (de planta semejante a una elipse) se abran unas superficies libres, descubiertas como la pista, para el acceso, circulación y solaz de los 4.000 espectadores posibles. Bajo estas superficies, en la parte inferior del cilindro (que tiene acceso independiente), se disponen los vestuarios y los servicios.

El acceso principal al recinto es una amplia escalinata que accede a una plaza rodeada de olivos, presidida por un poema visual de Joan Brossa. Una segunda plaza de mayores dimensiones, en la cota de la planta superior del cilindro, hace de antesala de la entrada de espectadores. Las torres de iluminación habituales en este tipo de instalaciones emergen del edificio y refuerzan su deseado carácter monumental en una zona de urbanización titubeante en aquellos momentos.

La conservación del edificio, a pesar de su condición de Premio FAD 1984, no es óptima, hecho en el que ha influido tanto la posible falta de mantenimiento como la construcción originaria, una de las más afectadas por la gestión habitual de la arquitectura pública de aquellos primeros años 80.

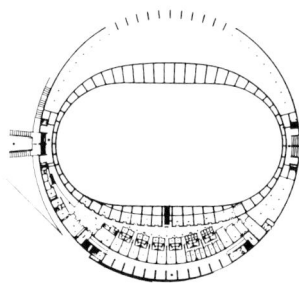

95
Casa Pascual i Pons
(La Catalana de Seguros) 1984

Paseo de Gràcia, 2-4; ronda de Sant Pere, 1; c/ Casp, 2-4
Reforma y restauración: Oriol Bohigas, Josep Martorell, David Mackay,
Miquel Espinet y Antoni Ubach, arquitectos; Lluís Pau, interiorista
Bus 16, 17, 22, 47. Metro L1, L2, L3; FF.CC. Generalitat (Catalunya)

Este palacio neogótico, construido entre 1890 y 1891 según proyecto del arquitecto Enric Sagnier, había sufrido numerosas reformas a lo largo de los años que habían desvirtuado la imagen original. En 1984, al acomodar la sede central de una compañía de seguros, se intentó recuperarla. Se reconstruyó el chapitel de la torre del chaflán de la calle Casp, que había sido mutilado en los años sesenta, y se restauraron las fachadas. En el interior, se recuperó la entrada principal de la casa nº. 2 y la planta primera, en donde se conservaban los espacios más representativos. La nueva utilidad del edificio obligó a construir un nuevo espacio que contiene los accesos verticales y a añadir bajo la nueva cubierta un volumen retranqueado

y una línea de ventanas bajo el alero. La actuación mereció el Premio FAD de Restauración 1984, el último de esta especialidad que fue convocado.

Otras intervenciones contemporáneas en edificios catalogados son la restauración de las Casas Xifré, en el paseo de Isabel II, 8-14, dirigida por el arquitecto Víctor Argentí Salvadó (1983-1985), y la del patio Manning de la antigua Casa de Caridad, en la calle de Montalegre, 7, obra de Andreu Bosch, Josep M.ª Botey y Lluís Cuspinera (1985-1986). De aquella época es también la reconstrucción del monumento al Doctor Robert en la plaza de Tetuan (desmontado de la plaza Universitat en 1939), que se llevó a cabo entre 1976 y 1985.

96
Plaza de Sóller

1984

Josep Maria Julià Capdevila, Josep Lluís Delgado
Espallargas, Andreu Arriola Madorell y
Carme Ribas Seix, arquitectos
Bus 11, 12, 31, 32, 47, 50, 51, 77

La plaza, un rectángulo enmarcado por las vías de circulación y por una arquitectura de escasa entidad, se autodefine, según explican los autores, «creando su propio perímetro por medio de la arquitectura, el cual se establece equilibrando los seis metros de desnivel, entre el límite superior y el inferior, formalizando así una gran pastilla que surge por encima del nivel natural del terreno y creando un frente calado».

El espacio se divide en una zona con carácter de plaza porticada, con equipamientos bajo el porche, y una zona con carácter de parque, que queda limitada por unos muros laterales y una reja en la parte superior. Entre las dos zonas se extiende un estanque del que emerge la escultura marmórea «Homenatge a les Illes», de Xavier Corberó, que hubo de ser restaurada en el año 1990 a causa de los desperfectos sufridos por el mal uso de la plaza.

Como espacio urbano es también interesante, y no menos deteriorado, la plaza del Peu del Funicular, junto a la avenida de Vallvidrera (1982-1987), proyectada por el arquitecto Josep Antoni Llinàs Carmona, en la que la abrupta topografía requirió un tratamiento a base de muros de contención que soportan una plataforma elevada, a los que se adosan las escalinatas y un banco corrido.

97
Plaza del Sol   1982-1985

Jaume Bach Núñez y Gabriel Mora Gramunt, arquitectos

Bus 22, 24, 28, 39. Metro L3 (Fontana). FF.CC. Generalitat (Gràcia)

La intervención en esta plaza forma parte de una operación de mayor alcance encargada a los autores por el municipio, consistente en remodelar algunas de las plazas del barrio de Gràcia (además de la del Sol, las de la Virreina, Trilla, Diamant y Raspall), elementos configuradores de la trama urbana de la antigua villa y aún hoy espacios esenciales para la relación social y cívica de sus habitantes.

En la plaza del Sol, la necesidad de construir un aparcamiento subterráneo –cuya rampa de acceso se sitúa en el lado oeste–, obliga a elevar el nivel original y a solucionar la entrega en la cota inferior mediante una escalinata lineal que se adapta a la topografía del terreno. La nueva pavimentación, un empedrado continuo, y los límites establecidos por medio de arbolado configuran la forma y el carácter del espacio y evitan la circulación rodada, excepto la de servicios.

En todas las plazas el mobiliario urbano ha sido diseñado ex profeso. También se han colocado elementos monumentales y fuentes, pero tratando de no perder el carácter tradicional y singular de cada plaza.

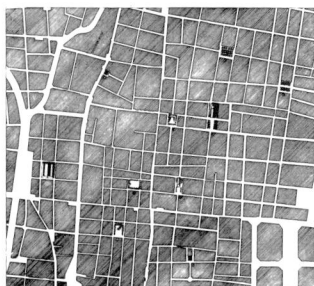

98
Parque de la España Industrial 1981-1985
C/ Sant Antoni, s/n; c/ (Muntadas)
Luis Peña Ganchegui y Francesc Rius Camps, arquitectos
Bus 27, 30, 43, 109, 544. Metro L3, L5 (Sants-Estació)

El parque está ahí como fruto, como en el caso del centro cívico de Les Cotxeres de Sants, de la reivindicación popular de un terreno fabril para disfrute colectivo. En este caso, del solar de la antigua fábrica del Vapor Nou de Sants, de la que se conservó la «Casa del Mig» y unos cuantos plátanos que bordeaban un paseo.

La morfología del terreno propició una actuación en la que los elementos arquitectónicos, paisajísticos y escultóricos se conjugan y a la vez se dispersan en ámbitos propios creando un espacio armónico, abierto y cerrado, un parque-salón cuyo protagonista es el agua. Las torres que le separan del entorno más agresivo –la estación de Sants y las vías de circulación– forman un muro virtual y dan paso a las graderías que descienden hasta el lago, en unos recorridos que van enlazando todos los ámbitos. Esculturas de Enric Casanovas, Manuel Fuxà, Antoni Alsina, Anthony Caro, Andrés Nagel, Josep Pérez «Peresejo» y Pablo Palazuelo pueblan el recinto y «potencian la fantasía y la evocación poética», en palabras del arquitecto Peña Ganchegui.

A poca distancia (c/ Tarragona-c/ Aragó) se encuentra el parque Joan Miró (Parc de l'Escorxador), diseñado por los arquitectos Beth Galí, Màrius Quintana, Antoni Solanas y Andreu Arriola (1980-1982), que ocupa el solar del antiguo matadero. En uno de sus lados se levantó la Biblioteca Joan Miró (1989-1991), obra de Galí, Quintana y Solanas.

Parc de l'Escorxador. Escultura de Joan Miró.

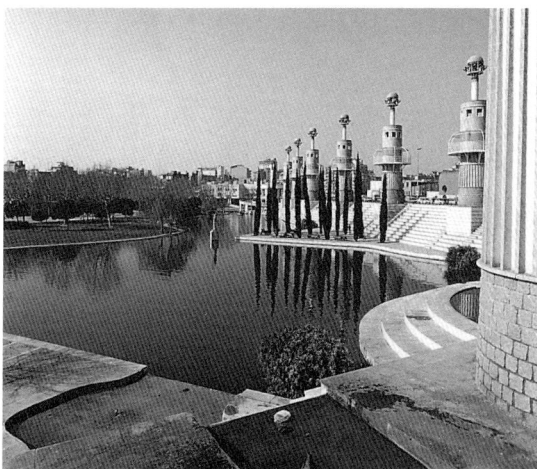

99
Parque de la Creueta del Coll   1981-1987

Av. de la Mare de Déu del Coll, s/n
Oriol Bohigas, Josep Martorell y David Mackay, arquitectos
Bus 25, 28. Metro L3 (Vallcarca)

Se construyó aprovechando el cráter de una antigua cantera abandonada, en unos terrenos que ya habían sido calificados como parque urbano en el Plan Comarcal de Barcelona de 1953.

La singular morfología del terreno propició que el proyecto tuviera como idea básica disponer de dos zonas de carácter muy distinto: una, en la vertiente norte, con tratamiento de parque forestal, especialmente equipado para juegos infantiles, picnic, recreo y ejercicio físico; y otra, en la vertiente sur, con tratamiento de parque urbano, con fuerte intervención de diseño, para convertirla en una sucesión de espacios aptos para el juego libre u organizado, el ejercicio deportivo y las concentraciones propias de las fiestas de barrio o de ámbito ciudadano.

En este sector se ubican la gran plaza, el lago y las gradas y explanadas del anfiteatro, que se unen con aquélla mediante unos caminos en pendiente suave creando itinerarios de gran belleza paisajística, potenciada por la presencia de tres grandes esculturas: una a la entrada, de Ellsworth Kelly, otra en un extremo del agua, de Eduardo Chillida, y la tercera en la cima, de Roy Lichtenstein.

Otros parques urbanos construidos en esta época en antiguos recintos industriales son el Parque del Clot, de los arquitectos Daniel Freixes, Vicente Miranda y Víctor Argentí (1982-1986), y el Parque de la Pegaso, en la calle Sagrera, proyectado por Enric Batlle y Joan Roig (1982-1986).

Parque del Clot.

100
Jardines de la Vil.la Cecília   **1982-1986**

C/ Santa Amèlia, 29-33; c/ Eduard Conde; c/ Trinquet
José Antonio Martínez Lapeña y Elías Torres Tur, arquitectos
Bus 6, 16, 34, 66, 70, 74. Metro L3 (Maria Cristina). FF.CC. Generalitat (Sarrià)

Los jardines, pertenecientes a una antigua casa señorial, la Villa Cecilia –hoy sede del Centro Cívico de Sarrià–, se prolongaron para incorporar una parte de los que tenía la finca vecina, la Quinta Amèlia, que habían quedado segregados por la apertura de la calle de Santa Amèlia.

El trazado clásico de los antiguos jardines de Villa Cecilia se modificó y se definió un recinto de recorridos laberínticos discontinuos, voluntariamente obstaculizados con barreras de árboles para que el paseante vaya descubriendo cada uno de los rincones que se van sucediendo.

El mobiliario del parque, los objetos escultóricos, las farolas y las puertas, así como el muro que protege el canal de agua que sirve de marco a la escultura de la mujer ahogada (obra realista de Francisco López Hernández), ponen de manifiesto la capacidad creativa y la calidad en el diseño de los autores cuando se enfrentan con obras de nueva planta. Fue el primer jardín público que obtuvo el Premio FAD de Arquitectura (1986).

101
Fossar de la Pedrera   1983-1986

C/ de la Mare de Déu del Port, s/n. Montjuïc
Elisabeth Galí Camprubí y Màrius Quintana Creus, arquitectos
Bus 9, 38, 72, 109

El recinto de una antigua cantera que fue utilizada como fosa común después de la guerra civil de 1936-1939 sirve de marco natural de un espacio monumental conmemorativo y simbólico en recuerdo de las víctimas de aquella contienda, logrado con una intervención arquitectónica mínima.

El recorrido se inicia por un camino serpenteante que se aboca a la cavidad de la cantera de forma tangencial y que culmina, a través de una escalinata, en un bosque de cipreses y de pilares de piedra donde están gravados los nombres de los fusilados allí en 1939 por las tropas del general Franco. A partir de aquí se extiende una gran explanada de césped curvada, enmarcada por la pared abrupta de la cantera y por un recorrido lineal limitado por una pérgola que acaba en el mausoleo del presidente de la Generalitat de Catalunya, Lluís Companys, fusilado allí en 1940.

El tratamiento variado de los pavimentos con materiales diversos permite fragmentar el recorrido en ámbitos acotados a su vez por los objetos verticales que pueblan el paisaje.

102
Via Júlia

1982-1986

Josep Maria Julià Capdevila y
Bernardo de Sola Susperregui, arquitectos
Bus 11, 12, 31, 32, 47, 50, 51, 73, 76, 77.
Metro L4 (Lluchmajor, Roquetes)

La reforma urbana propiciada por el nuevo ayuntamiento democrático, concebida y dirigida por Oriol Bohigas, tenía como un objetivo fundamental la regeneración urbana de los barrios periféricos, los que más habían sufrido la precariedad de actuaciones en la época anterior. Uno de los caminos era potenciar la vida urbana propia de estos barrios y mejorar sus comunicaciones. Otro, complementario, fue la que se llamó «monumentalización» de la periferia, la equiparación del nivel de diseño urbano de estos barrios (incluidos los elementos monumentales singularizadores) con el centro de la ciudad.

La actuación en la Via Júlia, eje importante del sector Nou Barris, trató de satisfacer esos objetivos, tanto los de carácter técnico (urbanización, instalaciones, etc), como los de resignificación del espacio, por medio del diseño del nuevo mobiliario urbano, o mediante elementos escultóricos, como la obra «Els altres catalans», de Sergi Aguilar, y la columna de luz «Torre Favència», de Antoni Rosselló Til.

Las reformas de la Av. de Gaudí (Màrius Quintana, 1982-1985), de la Av. Río de Janeiro (Paloma Bardají y Carles Teixidó, 1986-1989), de la Rambla de Prim (Javier San José Marqués –1[er.] tramo– y Pedro Barragán –2° tramo–, 1990-1992), de la plaza del General Moragues (Olga Tarrasó Climent, 1985-1987) y los entornos del túnel de la Rovira (Màrius Quintana, sector sur, y Manuel Ribas Piera, sector norte), son otros ejemplos de esta política de regeneración.

103
Moll de la Fusta-Paseo de Colom   1983-1987

Manuel de Solà-Morales Rubió, arquitecto

Bus 14, 16, 17, 18, 36, 45, 57, 59, 64
Metro L3 (Drassanes), L4 (Barceloneta)

Urbanización de un antiguo muelle del puerto junto a un tradicional paseo que une dos plazas, que pretendía establecer una conexión de la ciudad con el mar y al mismo tiempo servir como plataforma de circulaciones viarias. Se planteó en tres zonas diferenciadas: una junto a las fachadas que miran al mar, formada en parte por el antiguo paseo de palmeras y una calzada destinada a la circulación lenta o de servicios urbanos; otra, junto al mar, es una explanada pavimentada con adoquines de granito y plantada de palmeras bien ordenadas, a manera de salón, de uso exclusivo para viandantes; y la tercera, que divide las anteriores, una plataforma sobreelevada donde se concentran los elementos arquitectónicos (chiringuitos y pérgolas). En un nivel inferior se sitúan un aparcamiento y las vías de circulación rápida.

La conexión entre las tres zonas es más virtual que real debido a los desniveles y a las circulaciones. La mezcla de lenguajes –desde el romanticismo ochocentista del mobiliario, el clasicismo de las arcadas, el formalismo de los chiringuitos o el folclorismo de los puentes holandeses– resta intención al diseño del conjunto.

Otras operaciones de remodelación contemporáneas, también con desigual fortuna, son la plaza de la Mercè (Rosa M. Clotet Juan, Ramon Sanabria y Pere Casajoana, 1983); las plazas de las Basses de Sant Pere y de Sant Agustí Vell (Rafael de Cáceres; 1982-1984), y el paseo de Picasso (Roser Amadó y Lluís Domènech; 1981-1983).

104
Puente Bac de Roda

1984-1987

C/ Felip II; c/ Bac de Roda
Santiago Calatrava Valls, arquitecto e ingeniero
Bus 33, 34, 35, 43, 71, 544. Metro L5 (Navas)

Los objetivos fundamentales del nuevo puente que el municipio encargó al diseñador valenciano eran dos: permitir la conexión –peatonal y de circulación rodada– entre dos barrios separados por el trazado de la línea férrea (área que está prevista que se convierta en parque) y crear un hito singular capaz de significar el deteriorado paisaje urbano del lugar.

El puente, de 128 metros de longitud y 45 de luz, está formado por una estructura de acero de dos pares de arcos iguales de directriz parabólica, que se unen en la parte superior y se abren en los extremos para dar paso a las aceras. De los arcos cuelgan cuatro series de cables que soportan las escaleras que han de dar acceso al parque y a una futura estación. En el proyecto colaboraron los arquitectos Pedro Barragán, Bernardo de Sola y Olga Tarrasó. La obra fue premiada con el FAD de Arquitectura 1987, que por primera vez se otorgaba a una obra de ingeniería.

Santiago Calatrava diseñó también los elementos de señalización de tráfico instalados en la avenida de la Diagonal, entre la plaza de Francesc Macià y el puente de Esplugues de Llobregat (1987).

El puente sobre el río Besòs, en la calle Cristòfol de Moura del municipio vecino de Sant Adrià del Besòs, es obra de Enric Batlle Durany y Joan Roig Duran, de 1986-1988.

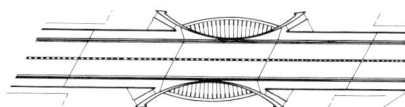

105
Escuela pública Arquitecte
Josep M. Jujol   1983-1987

C/ Riera de Sant Miquel, 41
Jaume Bach Núñez y Gabriel Mora Gramunt, arquitectos
Bus 16, 17, 22, 24, 25, 28, 31, 32. FF.CC. Generalitat (Gràcia)

Para satisfacer el déficit de centros escolares públicos se reutilizó en algunas ocasiones un edificio de carácter monumental, con lo que se garantizaba la conservación de ese patrimonio. En el casco antiguo de Gràcia existían aún las naves industriales de los antiguos Talleres Mañach, obra modernista de Josep Maria Jujol (1916-1922), cuya conservación en manos privadas era problemática, lo que sugirió su reutilización como equipamiento.

El nuevo edificio mantiene la alineación de la calle a la que abre una fachada plana revestida de piedra, en la que destaca por su rotundidad la portada en arco de medio punto con arquivoltas de ladrillo a sardinel. Las antiguas naves se utilizan ahora como patio de juegos.

Un grupo escolar construido como anexo a una arquitectura preexistente es el Colegio Público Dolors Monserdà de la Av. de Vallvidrera, 9, proyectado por Antoni de Moragas Spa (1986-1987). Ejemplo de integración de un edificio público de nueva planta en la trama urbana del Ensanche Cerdà es la Escuela Pública Antoni Balmanya, situada en las calles de Freser, 103, y Sant Antoni Maria Claret, y proyectada por los arquitectos Esteve Terradas y Robert Terradas (1987-1988).

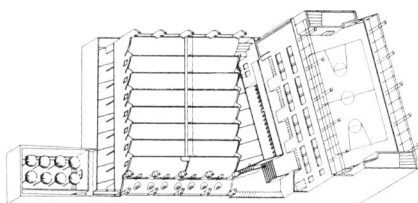

106
Sede de la Diputación de Barcelona (Can Serra)

1985-1987

Rambla de Catalunya, 126; av. de la Diagonal
Federico Correa Ruiz y Javier Garrido Lagunilla, arquitectos
Bus 6, 7, 15, 16, 17, 33, 34. Metro L3, L5 (Diagonal). FF.CC. Generalitat (Provença)

El estira y afloja entre la propiedad y la Administración sobre la conservación o derribo de la casa Serra (obra de Puig Cadafalch, de 1903-1908, ampliada por J.M. Pericas en la posguerra para colegio privado), se saldó con la eliminación del cuerpo que daba a la avenida Diagonal, la conservación del que forma el chaflán y la construcción de un volumen detrás de éste que acumula la edificabilidad pactada.

Por encargo del municipio, Federico Correa dibujó un estudio de detalle de la manzana que preveía el diseño del nuevo edificio, resuelto en muro cortina, concebido más con voluntad de integración con la arquitectura preexistente de la Diagonal, que en atención a la parte de can Serra conservada, detrás de la cual emerge unido a ella mediante un paso elevado sobre un pasaje. Los torreones cilíndricos de las esquinas, réplica de los de la casa del chaflán opuesto, obra de J.M. Pericas de 1917, las barandillas de remate y otros detalles, pretenden esta integración con la arquitectura del entorno.

Una vez el solar y la edificabilidad fueron adquiridos por la Diputación, Correa completó el proyecto y diseñó el salón de plenos y otros espacios interiores. En la dirección de obra tuvo un papel decisivo el arquitecto Javier Garrido. El nuevo conjunto fue inaugurado el 22 de abril de 1987.

El estudio Correa-Milá realizó en esta época la reproducción de la casa del paseo de Gràcia, 80, con algunas modificaciones del modelo original –que fue derribado–, del que era autor el maestro de obras Rafael Guastavino.

107
Grupo de viviendas Baró de Viver   1985-1988

Paseo de Santa Coloma, s/n
Josep Emili Donato Folch, arquitecto
Bus 35, 203. Metro L1 (Baró de Viver)

En 1984 el Patronato Municipal de la Vivienda acometió la renovación total, urbanística y edificatoria, de este barrio de casas baratas. El hecho de actuar en una trama urbana carente de identidad determinó una solución rotunda basada en la estructuración del nuevo barrio a partir de un gran espacio público unidireccional que E. Donato denominó «Salón Urbano». Este espacio, que contiene los equipamientos, da soporte funcional y morfológico al conjunto, que se organiza en una serie de torres de tres viviendas en semiplanta, adosadas de manera que por el exterior ofrecen un plano uniforme y liso y por el interior siguen un ritmo retranqueado a toda altura. Según el autor, este modelo se relaciona con las *Hof* vienesas, los *cluster* anglosajones y las corralas andaluzas, y en

nuestra ciudad entronca con una posible actualización del patio de manzana de la trama Cerdà. «En todos estos modelos el tema común –dice Donato– expresa la acción primigenia de recluir un trozo del espacio vacío natural mediante la construcción de unos límites que protegen del exterior y son a su vez afirmación material y simbólica del modo de apropiación urbana del territorio y del espacio.»

Operaciones contemporáneas son el grupo de viviendas de Nostra Senyora del Port, 190 - c/ Alts Forns, proyectadas por Jordi Balari Muñoz y Albert Bastardes Porcel (1984-1987), y el conjunto de la Gran Via de les Corts Catalanes, 944-980, de los arquitectos Jordi Bosch, Joan Tarrús y Santiago Vives (1987).

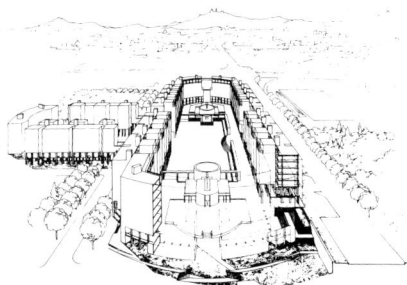

108
Cuartel de la Guardia Urbana   1985-1988
La Rambla, 43
Ramon Artigues Codó y Ramon Sanabria Boix, arquitectos
Bus 14, 18, 38, 59. Metro L3 (Liceu)

Antiguamente, el solar estaba ocupado por el Colegio de Sant Angelo, construido en 1593 y reedificado en 1786-1790, del que sólo se conserva el claustro, que ha sido integrado en la nueva edificación, tratado como un mueble arquitectónico y protegido ahora por una claraboya vidriada. Las fachadas exteriores del nuevo edificio expresan su carácter público y representativo, claramente diferenciado de las casas de viviendas que lo flanquean. La planta se desarrolla en forma de «L» y la fachada posterior, resuelta con un aplacado de aluminio, se abre a un patio interior rodeado de edificaciones antiguas muy degradadas.

La intervención llevada a cabo por la Administración en los barrios de la llamada Ciutat Vella, bien para renovar su parque residencial, bien para instalar nuevos equipamientos, ha producido, además de este cuartel, otras obras de interés: el edificio de viviendas de la calle Nou de la Rambla, 39-43, proyectado por Joan Arias, Lluís Pérez de la Vega y Enric Torrent (1985-1988); el de los números 73-79 de la misma calle, con entrada por c/ Om, 1, del estudio Correa-Milá (1989-1990); el conjunto de la calle Om, 3-15 y Arc del Teatre, 48-52, de Jordi Bosch, Joan Tarrús y Santiago Vives (1989-1990); la Casa del Mar, en c/ Albareda, 1, de Oriol Tintoré (1989-1992) y el edificio de la Universidad Pompeu Fabra, de la Rambla, 30, obra de Josep Benedito y Jaume Llobet (1990-1992).

109
Centre d'Art Santa Mònica   1985-1989
La Rambla, 7
Helio Piñón Pallarés y Albert Viaplana Vea, arquitectos
Bus 14, 18, 38, 59, 91. Metro L3 (Drassanes)

Convento del siglo XVII con añadidos y modificaciones, en cuyo claustro barroco se introdujeron nuevos elementos –que permiten manipular el esquema estructural, funcional y ambiental del edificio– para crear un espacio de exposiciones. En el exterior, una rampa-terraza de acceso –sobre pilares de acero y pavimento de madera– se adosa a la fachada principal. En la fachada lateral, un pórtico o palio a gran altura hace de nexo entre un cuerpo de nueva planta y la parte de convento conservada. Junto a la fachada principal, separada de ella por un muro perpendicular que delimita accesos y funciones de los dos edificios, se abre la nueva fachada de la iglesia de Santa Mònica, con un gran óculo a modo de roseton.

Algunos críticos de arquitectura han querido ver en esta obra un paradigma de la intervención moderna en el patrimonio edificado. Otros, más relacionados con la cultura de la restauración monumental, han expuesto sus reservas sobre si un edificio de tan poca consistencia arquitectónica puede admitir una intervención tan potente sin que se resientan, tanto los valores que se pretenden conservar, como el nuevo diseño que se aporta. Por ello han planteado si no hubiera sido conveniente eliminar algunas superposiciones preexistentes –conservadas sin otra justificación aparente que diluir la confusión producida por los nuevos añadidos–, o incluso si no hubiera sido mejor derribar el edificio viejo y construir uno de nueva planta, tarea en la que los autores están mucho más versados.

110
Plaza del Fossar de les Moreres   1988-1989

C/ Santa Maria, s/n
Carme Fiol Costa, arquitecta
Bus 14, 16, 17, 40, 45, 51, 59, 64. Metro L4 (Jaume I)

La conversión en plaza de este espacio marginal adyacente a la fachada lateral de la basílica de Santa Maria del Mar, comportó el derribo de unas construcciones muy degradadas y la eliminación del puente o paso elevado que unía la iglesia con el antiguo palacio del Virrey, construido en 1875.

La actuación estaba dirigida a ensalzar la memoria de las víctimas del sitio de Barcelona de 1714 por las tropas de Felipe V, que según la tradición fueron enterradas en este lugar, homenaje reclamado por algunas asociaciones y entidades ciudadanas. El aspecto simbólico, por lo tanto, era uno de los determinantes del proyecto. También se pretendía, no obstante, conseguir un espacio para el ocio vecinal.

La propuesta trata de compaginar los dos objetivos. En el borde entre plaza y calle se construyó un murete de granito rojo en el que está inscrita una dedicatoria de Serafí Pitarra a los mártires de la contienda. Se garantiza así el recuerdo sin caer en melodramas patéticos, tan ajenos al carácter de los barceloneses. La superficie cóncava que se extiende ante el muro, pavimentada con ladrillo macizo formando sectores triangulares convergentes en el punto más bajo del desnivel, se enmarca por una franja del pavimento preexistente, de piedra arenisca de Montjuïc. En este espacio se puede pasear, jugar o reposar y, en días señalados, reunirse o manifestarse. Tres moreras refuerzan el simbolismo del Memorial que fue inaugurado el 11 de septiembre de 1989.

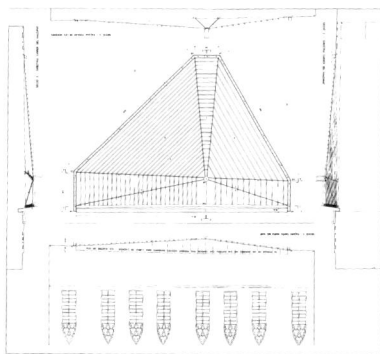

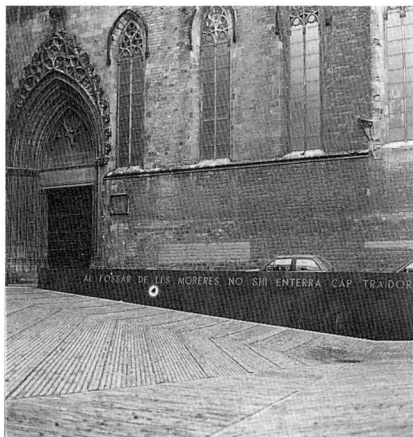

111
Parque de la Estació del Nord   1985-1991

C/ Nàpols; c/ Almogàvers; c/ de la Marina
Andreu Arriola Madorell, Carme Fiol Costa y
Enric Pericas Bosch, arquitectos; Beverly Pepper, escultora
Bus 6, 40, 42, 141. Metro L1, L2 (Arc de Triomf, Marina)

Con motivo de la reordenación de la red de enlaces ferroviarios –reforma que dejó en desuso la estación del Nord– se construyó un nuevo túnel junto a la fachada del antiguo edificio de pasajeros (obra de 1861 del arquitecto Andrés i Puigdoller) que quedó semienterrada a causa de la rasante inclinada de la losa. Los demás terrenos del entorno de la estación también resultaron malparados.

Para enderezar la situación se proyectó un parque que debía incorporar, o al menos disimular, los disparates preexistentes. Debía de permitir, además, religar una serie de operaciones previstas en el sector (la remodelación de la estación, el nuevo Archivo de la Corona de Aragón, unos espacios deportivos, etc). Se concibió como parque-escultura en el que el modelado del terreno adquiere el protagonismo. Está dividido en tres sectores, con un centro de atracción cada uno: la escultura «Cel caigut», montículo en el que se combinan el «trencadís» (troceo) de cerámica y el césped; la «Espiral Arbrada», con una línea de árboles dispuestos radialmente que se abre como una espiral, y los muros de cerámica del acceso por la calle Almogàvers.

Entre 1986 y 1987 los arquitectos Andreu Arriola y Carme Ribas Seix realizaron el proyecto de remodelación del Pati de la Torre de les Aigües (calle Roger de Llúria, 56), que constituyó un intento de recuperación, como espacio público ajardinado, de uno de los patios interiores de manzana del Ensanche Cerdà.

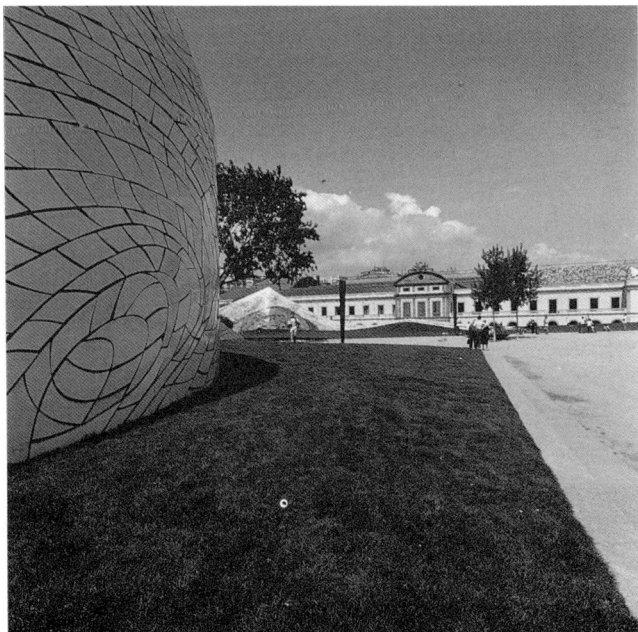

112
Fachada de edificio de viviendas   1987-1990

C/ Provença, 419-431; c/ Sardenya, 322
Joan Pascual Argenté, arquitecto
Bus 19, 34, 43, 44, 50, 51, 54, 544. Metro L5 (Sagrada Família)

El celo municipal en mantener un nivel de calidad en el diseño de las fachadas de las nuevas construcciones que se consideraban estratégicamente claves en la definición del paisaje urbano, hizo aparecer por la ciudad un buen número de casos de arquitectura dicotómica. Las empresas promotoras encargaban los proyectos a sus arquitectos, excepto la fachada que se encomendaba a determinados arquitectos cuya obra se sabía bien apreciada en los despachos municipales.

En el caso de este edificio, cuyo emplazamiento se consideraba comprometido por cuanto se encara con el templo de la Sagrada Família, el diseño requería, a juicio del municipio, hacer una adaptación de las tribunas apiladas características de los chaflanes del Ensanche. El arquitecto encargado de diseñar los exteriores resolvió dar una componente horizontal a la composición sin obviar las tribunas. Para ello a éstas se les unen unas bandas, a modo de estelas dejadas por las tribunas en movimiento.

Otros edificios de viviendas diseñados por Joan Pascual son el de la calle Rosselló, 395, esquina con c/ Sicília, 273; el de la calle Sant Antoni Maria Claret, 158, y el de la calle Rocafort, 80-84, los tres construidos entre 1987 y 1990.

113
Fachadas del Hotel Hilton   **1986-1990**

Avenida de la Diagonal, 589
Helio Piñón Pallarés y Albert Viaplana Vea, arquitectos
Bus 6, 7, 33, 34, 66. Metro L3 (Maria Cristina)

El hotel Hilton es otro caso de arquitectura dicotómica sugerida, tan habitual en Barcelona durante la segunda mitad de la década de los ochenta. El edificio fue proyectado por los arquitectos Jordi Mir Valls, Rafael Coll Pujol y Claudi Carmona Sanz, que siguieron el modelo arquitectónico que en aquellos años se iba imponiendo, de acuerdo con las ordenanzas urbanísticas, en aquel tramo de la avenida Diagonal: volúmenes prismáticos aislados de superficie lisa, habitualmente acristalada, con su eje mayor perpendicular a la avenida.

Para singularizar el edificio hotelero, Piñón y Viaplana recurrieron a un tipo y color del revestimiento poco habituales allí, una acusada proporción apaisada de los vanos, el hundimiento del plano central de la parte inferior de las fachadas que resalta un pilar en la posición del eje de la composición, y la colocación frente al acceso principal de un palio de notable altura, motivo ya ensayado por los mismos arquitectos en la plaza de los Països Catalans y, más tarde, en el Centre d'Art de Santa Mònica.

114
Casa Pedreño

1987-1989

C/ Alberes, 60 (Vallvidrera)
Ramon Artigues Codó y Ramon Sanabria Boix, arquitectos

FF.CC. Generalitat (Peu del Funicular). Funicular de Vallvidrera

La acusada pendiente del solar y unas magníficas vistas sobre Barcelona determinan el discurso proyectual que se encamina, por una parte, a conseguir una buena presencia del nuevo edificio en el entorno urbano y forestal y, de otra, a responder con eficacia a un determinado programa de vivienda unifamiliar. El resultado es una secuencia escalonada de volúmenes que se adaptan a la topografía y se abren en función de la orientación. En la planta baja se sitúan la zona de estar y cocina, en la intermedia los dormitorios y sala de juegos y en la superior el garaje, el vestíbulo y un estudio con terraza. Los paramentos externos son de obra vista, madera y vidrio.

Otros ejemplos contemporáneos de arquitectura doméstica son la Casa Nassia (c/ Cavallers, 40-42; 1987-1989), proyectada por el arquitecto Antoni Sunyer Vives, y la Casa Gay (c/ Alberes, 48, de Vallvidrera), obra de Antoni de Moragas Spa e Irene Sánchez Hernando, de 1985-1987.

115
Edificios B1 y B2 de la Escuela de Ingenieros de Caminos, Canales y Puertos 1987-1990

Campus Nord de la Universidad Politécnica de Cataluña
C/ Gran Capità, 1; c/ Sor Eulàlia de Anzizu, s/n
Josep Antoni Llinàs Carmona, arquitecto
Bus 7, 75. Metro L3 (Zona Universitària)

Situados, con los accesos enfrentados, en el eje longitudinal central del conjunto del campus, conforman una plazoleta. El edificio B1 contiene las aulas, el laboratorio y servicios. Consta de semisótano y tres plantas, con un cuerpo elevado en el extremo occidental. En las fachadas testeras los pisos altos se cierran con galerías corridas acristaladas que giran en los extremos. El acceso principal se protege con una marquesina que gira por la fachada norte como cornisa.

El B2 es un cubo de la misma altura que el anterior. Contiene la cafetería y en los dos pisos altos la sala de conferencias y la biblioteca, iluminada por lucernarios en dientes de sierra. A cotas plantas también se accede por una escalera-terraza metálica adosada a la fachada principal. En el primer piso, del muro ciego oriental sobresale una tribuna acristalada de planta trapezoidal que da luz a la sala de conferencias. En ambos edificios, las fachadas son de obra vista y la carpintería de aluminio blanco.

Llinàs proyectó para Cerdanyola del Vallès el Centro de Asistencia Primaria (CAP), levantado en la confluencia de la carretera de Sabadell a Barcelona con la c/ Tarragona (de Ripollet), construido entre 1982 y 1985. Otro edificio contemporáneo de equipamientos es el del Servicio de Bacteriología de la Ciudad Sanitaria Vall d'Hebron, de Barcelona, del arquitecto Josep Lluís Canosa Magret (1987).

Edificio B2.

Edificio B1.

116
Palau de la Música Catalana   1982-1990

C/ Sant Francesc de Paula, s/n
Òscar Tusquets Guillén y Carles Díaz Gómez, arquitectos
Bus 16, 17, 19, 45. Metro L1, L2, L4 (Urquinaona)

La intervención en este edificio modernista de Lluís Domènech Montaner (1905-1908), se basa en un anteproyecto realizado en 1982 por Lluís Clotet y Òscar Tusquets que pretendía demostrar que la solución a todos sus problemas (inseguridad, deficiencias acústicas y falta de confort y de servicios para público y artistas) era posible y que su remodelación haría innecesaria la construcción de un nuevo auditorio en Barcelona.

El proyecto definitivo partió de esas premisas y de la voluntad de compaginar el uso del palacio para música sinfónica con su primigenio destino para música coral, que resultó un condicionante difícil de superar. La inteligente remodelación y acondicionamiento del edificio y la construcción de un cuerpo adosado, de morfología discutible, resolvió la problemática, aunque no todos los objetivos fueron alcanzados con la misma eficacia. La operación comportó reducir la nave de la vecina iglesia de Sant Francesc para situar los accesos al auditorio y el edificio anexo.

Otras operaciones contemporáneas de transformación de edificios catalogados se dieron en el convento dels Àngels (plaza dels Àngels, s/n; 1984-1990, Lluís Clotet Ballús, Ignacio Paricio Ansuategui y Carles Díaz Gómez), remodelado y ampliado para acoger la biblioteca de los museos de arte de Cataluña, y en la Casa Golferichs (Gran Via de les Corts Catalanes, 491; 1987-1988, Joan Ravetllat Mira y Carme Ribas Seix), destinada a centro cívico vecinal.

117
Fundación Antoni Tàpies   **1986-1990**

C/ Aragó, 255

Roser Amadó Cercós y Lluís Domènech Girbau, arquitectos

Bus 7, 16, 17, 22, 24, 28, 43, 544. Metro L3, L5 (Passeig de Gràcia)

La Editorial Montaner i Simon, obra emblemática de la moderna arquitectura catalana, fue proyectada por Domènech Montaner en 1879. La altura reguladora alcanzada en el Ensanche hizo que los edificios contiguos ahogaran entre impúdicos muros medianeros su fábrica de escasa altura y crearan una discontinuidad en la manzana, problema que la intervención debía solucionar sin alterar la morfología del edificio. La solución dada por los arquitectos fue situar sobre la cubierta una estructura de plafones en voladizo perpendicular a la fachada que, sin alterar la visión frontal de ésta, tapara las vistas oblicuas sobre las medianeras. Antoni Tàpies la aprovechó después para instalar su escultura «Núvol i cadira» (Nube y silla) que caracteriza hoy el edificio remodelado.

Con la riqueza de esta solución y la inteligente remodelación interior contrasta el deterioro de una fachada apenas restaurada, algo habitual en los años ochenta en este tipo de intervención en edificios monumentales, basada en las nuevas aportaciones y la explotación de los recursos y valores espaciales, pero con una falta de atención a los valores materiales y formales del edificio preexistente.

En la actuación en la Torre d'Altures o Casa de les Aigües –edificio neoárabe de 1890–, de la ronda del Guinardó, 49, convertido en sede del Distrito Horta-Guinardó (Víctor Argentí Salvadó, arquitecto; 1985-1989), también se da énfasis a la permanencia de los valores espaciales del edificio.

118
Polideportivo Palestra   1987-1990

Parque de Can Dragó
C/ Rosselló Porcel, s/n; av. de la Meridiana, 425
Miquel Espinet Mestre y Antoni Ubach Nuet, arquitectos
Bus 62, 73, 102, 302. Metro L1 (Fabra i Puig)

La construcción de las instalaciones de competición destinadas a los Juegos Olímpicos de 1992, no privó que se llevase adelante un programa de equipamientos deportivos destinados a paliar el déficit que de ellos existía en los barrios de la ciudad. El polideportivo Palestra, situado en los terrenos de la antigua estación de ferrocarril de Sant Andreu –en el nuevo parque de Can Dragó–, se destinó fundamentalmente a la práctica de gimnasia.

Consta de dos alas simétricas –una para cada especialidad gimnástica– cubiertas con grandes cerchas. Un cuerpo central, que contiene el vestíbulo de acceso y las instalaciones comunes, articula las naves y emerge entre ellas caracterizando el edificio que adopta una forma inusual. Las dependencias auxiliares se ubican en los cuerpos de menor altura edificados a los lados norte y sur del volumen principal y abiertos al exterior a través de unas arquerías.

Frente a la puerta principal del polideportivo se hallan las instalaciones de la piscina de Can Dragó, diseñadas por los mismos arquitectos y construida poco después.

El Polideportivo Perill (c/ Perill, 22, obra de Jaume Bach y Gabriel Mora, 1987), y el de Virrei Amat (c/ Joan Alcover, s/n, de Manuel Brullet Tenas, 1984-1987), son otros ejemplos de arquitectura deportiva de la época.

119
Fachada del Hotel Claris   **1991**

C/ Pau Claris, 150; c/ València, 270
Oriol Bohigas, Josep Martorell, David Mackay y
Albert Puigdomènech, arquitectos
Bus 7, 22, 24, 28, 39, 45, 47. Metro L3, L4 (Passeig de Gràcia)

La celebración de los Juegos Olímpicos obligó a actualizar la infraestructura hotelera de la ciudad, hasta entonces deficitaria en cantidad y calidad. En el Ensanche se aprovecharon con este fin un buen número de edificaciones preexistentes, algunas catalogadas como histórico-artísticas. No obstante, incluso en éstas, la actitud habitual fue conservar la fachada y substituir el volumen interior por una nueva fábrica más rentable. En algunos casos esta actuación comportó dicotomía forzada en la autoría de una y otra obra.

Este fue el caso del Hotel Claris que se sirve de la fachada del palacio Vedruna (construido en 1892 en un chaflán del Ensanche sin ocupar todo el solar) como «pegatina» publicitaria del nuevo hotel. En las superficies laterales no ocupadas por la edificación primitiva y en el volumen superior que la remonta hasta alcanzar la altura máxima permitida por las ordenanzas, aparece una nueva piel de muro-cortina.

Un ejemplo similar, mejor resuelto quizá, es la ampliación de la casa Daurella (paseo de Gràcia, 73) para Hotel Comtes de Barcelona (arquitectos, Josep Juanpere, Antoni Puig y Jordi Romeu; 1991-1992). Otras actuaciones hoteleras de 1991 en edificios preexistentes son: el Hotel St. Moritz (c/ Diputació, 262-264; Miquel Espinet, Antoni Ubach); el Gran Hotel Havana (Gran Via de les Corts Catalanes, 647; Josep Juanpere, Antoni Puig) y el Hotel Podium, (c/ Bailén, 4; Miquel Bayarri, Josep Gómez, J. Antonio Cordón y Antoni Canal).

120
Edificios Núñez
Mallorca-Calàbria-Rocafort   1990-1991

C/ Mallorca, 41-43 y 51-53; Calàbria, 191; Rocafort, 174
Carles Ferrater Lambarri, arquitecto
Bus 41, 43, 544. Metro L5 (Entença)

Durante más de treinta años de actividad en el Ensanche, la constructora Núñez y Navarro ha ido actualizando sus programas, materiales y diseños según las exigencias comerciales y municipales. En los años sesenta, se repite el tipo diseñado por el arquitecto Enric Rovira Beleta (c/ Calàbria, 162-164, de 1959-1960), inspirado, a sugerencia de José Luis Núñez, en el edificio Marc-Jorba de la Gran Via 488, de A. Rocabruna (1955), que resultaría el modelo de toda una generación de edificios que salpicarian el Ensanche, especialmente sus chaflanes.

En los años setenta se modifica el modelo (se incorporan grandes terrazas, revestimienos de travertino, etc). Son obras del arquitecto Joan Margarit Serradell: Edificio Núñez-Trinxet, c/ Còrsega, 268, 1971-1973 (en el solar que ocupó la casa Trinxet); Núñez-Urgel, c/ Comte d'Urgell, 224-232, 1971-1974; Núñez-Liceo (c/ Provença, 325, 1974-1977) donde estuvo el Institut Français, obra ecléctica de 1900), etc. De esta época es el edificio singular de plaza Letamendi, 15 (Jordi Vila Robert y Santiago Casanova Navarro; 1977-1980).

A mediados de los años ochenta, la evolución socio-cultural sugiere a Núñez encargar algunos proyectos a estudios profesionales de reconocido prestigio, y Carles Ferrater propone un nuevo modelo, versión actualizada del tradicional chaflán, al que corresponde las casas de la calle Mallorca. Paralelamente se inicia la relación con Tusquets, Díaz & Associats, un primer fruto de la cual es el edificio «Núñez-Triomf», en el paseo de Lluís Companys, 23 (1992-1993).

Edificio Núñez Mallorca-Calàbria-Rocafort.

Edificio Núñez-Urgel.

Edificio Núñez-Triomf.

121
Manzanas Jardins de Can Torras   1990-1992

C/ Ramon Turró, 69-109; c/ Llull, 88-102; c/ Zamora, 48; c/ Ávila, 59
Carles Ferrater Lambarri,
con Josep M. Montaner Martorell, arquitectos

Bus 6, 36, 71. Metro L4 (Llacuna)

El sector marítimo del antiguo municipio de Sant Martí de Provençals, al nordeste de la Barcelona actual, es la zona de la ciudad que más intensamente ha sufrido la transformación urbana precipitada con motivo de la celebración de los Juegos Olímpicos de 1992. Desde antes de su integración en la capital a finales del siglo XIX, en Sant Martí se daba una importante ocupación industrial que no disminuiría hasta el último cuarto de nuestro siglo para casi desaparecer en el sector próximo al mar con motivo de la ubicación de las residencias olímpicas. En esta reconversión del tejido industrial, al amparo de la promoción pública, participó también la iniciativa privada.

Las tres manzanas del conjunto residencial «Jardins de Can Torras» –promoción privada fronteriza con la Villa Olímpica– se levantan en el lugar que ocuparon los talleres «Torras, Herrerías y Construcciones», en los que se fabricaron las estructuras metálicas de los edificios y obras más significativos de Barcelona desde el siglo XIX. El planteamieno del conjunto parte de la idea de recrear el modelo tipológico de la manzana del Ensanche Cerdà, ocupando para residencia los volúmenes del perímetro de cada manzana y dejando para uso semipúblico de recreo y otras instalaciones colectivas los patios centrales, articulados a modo de rambla interior. Las andronas dejadas junto a las torres de las esquinas les dan énfasis en una volumetría austera que tiene su contrapunto en la solución de las cubiertas.

122
Restauración del Palacio Güell

1989-1992

C/ Nou de la Rambla, 3-5
Antoni González Moreno-Navarro y
Pablo Carbó Berthold, arquitectos
Bus 14, 18, 38, 59, 91. Metro L3 (Liceu, Drassanes)

Esta obra de Antoni Gaudí (1886-1890) fue declarada Patrimonio de la Humanidad por la UNESCO en 1985. Su restauración se basa en la recomendación de la Carta de Venecia de garantizar la transmisión de estos monumentos «con toda la riqueza de su autenticidad», pero sin confundir necesariamente este concepto con el de originalidad. Para ello, en unos casos se recuperan los elementos deteriorados de acuerdo con una investigación rigurosa sobre sus características iniciales. Pero en otros, se recurre a la aportación de soluciones creativas en diálogo armónico con la fábrica antigua. Así ocurrió en la azotea, especialmente en los revestimientos de las chimeneas que lo habían perdido. Los nuevos han sido diseñados por el ceramista Joan Gardy Artigas (chimenea n° 1), el escultor Joan Mora (4), los pintores Gustavo Carbó Berthold (10) y Robert Llimós (2), y los arquitectos Domingo García-Pozuelo (7), Antoni González (6) y Pablo Carbó (5).

La Casa Milà y el Park Güell, obras de Gaudí declaradas también por la UNESCO, fueron igualmente restauradas esos años. La Pedrera, por los arquitectos Josep-Emili Hernández Cros y Rafael Vila Rodríguez (1987-1991), y el parque por J.A. Martínez Lapeña y Elías Torres Sur (1986-1990). Estos arquitectos realizaron una sugerente intervención (1986-1990) en las cubiertas del Palacio de les Heures, obra de August Font Carreras (1894-1895), situado junto a los Hogares Mundet, cuya restauración fue completada en 1990 por Pablo Carbó, antes de instalarse allí unas dependencias universitarias.

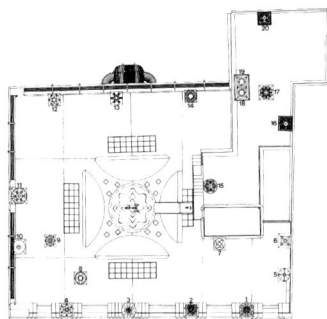

123
Pabellón de la República Española
(reconstrucción)   1992

C/ Jorge Manrique, s/n; av. Cardenal Vidal i Barraquer, s/n
Miquel Espinet Mestre, Antoni Ubach Nuet y
José Miguel Hernández León, arquitectos
Bus 27, 45, 73, 76, 85. Metro L3 (Montbau)

La decisión de reconstruir el pabellón diseñado por José Luis Sert (con la colaboración de Luis Lacasa) para representar a la República Española en la exposición de París de 1937 deriva de la voluntad de recuperar episodios fundamentales de la arquitectura del Movimiento Moderno, aunque –a diferencia del pabellón Mies van der Rohe–, el de Sert no tuviera una relación directa con la ciudad de Barcelona. La euforia con que la ciudad planteó su renovación urbana durante su Olimpíada favoreció la iniciativa. Finalmente sería el propio rey Juan Carlos I quien inaugurara el recuperado pabellón republicano.

El proyecto de reconstrucción supuso profundizar en el conocimiento del edificio desaparecido, del que sólo quedaban escasas fuentes de información.

Para su construcción se tuvo en cuenta el carácter y uso del pabellón original, concebido como un escaparate estructurado a lo largo de un itinerario unidireccional que debía seguir el visitante, y sólo se introdujeron las modificaciones necesarias para cumplir con las normas actuales de barreras arquitectónicas, seguridad, etc. A ello se debe el sótano que contiene las instalaciones y servicios y la ampliación del edificio con un cuerpo nuevo para oficinas. Los materiales utilizados en la reconstrucción, así como los colores, intentan reproducir de manera analógica los que Sert utilizó en el edificio original.

Junto al pabellón se encuentra la escultura «Mistos», obra de Claes Oldenburg y Coosje van Bruggen.

124
Muro medianero
Els Balcons de Barcelona

1992

Plaza de la Hispanitat, s/n; c/ Enamorats, 5
Cité de la Création
Bus 18, 35, 56, 62

En 1986, con el eslogan «Barcelona, posa't guapa», el municipio lanzó una campaña para estimular la limpieza y restauración de las fachadas y la mejora de cuantos elementos definen el paisaje urbano. A pesar de crear una oficina técnica para asesorar las actuaciones, se impusieron finalmente los criterios comerciales y de rentabilidad política y los resultados dejaron de valorarse desde la calidad, para primar los aspectos cuantitativos y publicitarios. Las auténticas restauraciones fueron escasas. Dos de ellas las dirigió el arquitecto Rafael Vila Rodríguez: las fachadas de la Casa Amatller (paseo de Gràcia, 41, 1989) y de la Casa Piña «El Regulador» (la Rambla, 105, 1990).

Uno de los objetivos de la campaña fue actuar sobre las paredes medianeras vistas que por su emplazamiento y por no estar prevista ya la edificación contigua incidían de forma permanente en el paisaje urbano. La medianera de la plaza de la Hispanitat se trató como un mural pictórico que reproduce una fachada del Ensanche en cuyos balcones se asoman veintiún personajes de diferentes épocas relacionados con la ciudad: Cristóbal Colón, Raquel Meller, Pablo Picasso, Antoni Gaudí, Francesc Macià, Jacint Verdaguer, Carmen Amaya, Joan Miró, Pau Casals, etc. Otras medianerías tratadas como fachadas son la de la av. General Mitre, 54 (Pepita Teixidor, arquitecta, 1987); y las de la calle Gran de Gràcia, 262-264, y ronda de la Universitat, 1 (ambas de Joan Manuel Nicolàs, 1990-1991).

125
Residencia y casal de ancianos Teixonera

1988-1992

c/ Josep Sangenís, s/n; plaza de la Clota
Josep Emili Donato Folch, arquitecto
Bus 19, 86

El edificio se eleva como una pantalla-pérgola de aspecto monumental que separa un sector totalmente edificado –límite del barrio del Carmel–, de otro situado a un nivel sensiblemente inferior donde se encuentran las instalaciones olímpicas del Area de la Vall d'Hebron con grandes zonas verdes. La planta se desarrolla en forma semicircular dando lugar a una plaza pavimentada que se cierra en sí misma y que constituye el acceso a los apartamentos, sirviendo a la vez de lugar de relación y descanso.

El edificio se organiza funcionalmente en dos zonas diferenciadas: en un sector se sitúan, en sentido radial y separados por un pasillo central, los apartamentos, dejando la otra mitad vacía mediante una pérgola, que queda interrumpida por un volumen cilíndrico macizo, a modo de rotonda, donde se han instalado las áreas y servicios comunes. El elemento unificador del conjunto viene marcado por la línea de la cubierta, también diferenciada en dos tramos. La construcción es de una gran austeridad de formas y materiales –obra vista y aplacado de rasilla común–, con un interesante juego de huecos y macizos, aspectos que caracterizan la arquitectura de Emili Donato.

Del mismo autor es el edificio contemporáneo del Centro de Asistencia Primaria Sant Ildefons, en la av. República Argentina, s/n, de Cornellà de Llobregat (1989-1991).

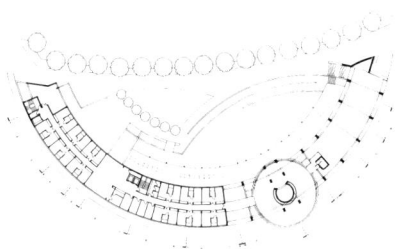

126
Hotel Juan Carlos I

1988-1992

Avenida de la Diagonal, 661-671
Carles Ferrater Lambarri y
Josep M. Cartañà Gubern, arquitectos
Bus 7, 75. Metro L3 (Zona Universitària)

Fue construido en los terrenos de la antigua «Torre Melina», masía del siglo XVII que, a pesar de sus reconocidos valores histórico-artísticos, fue demolida por los promotores del hotel con las comprensibles protestas vecinales, que sugirieron a aquéllos cambiar el nombre inicialmente previsto para el hotel, que hacía referencia al de la masía.

El edificio forma parte de un complejo conjunto de servicios que se configura en cuatro zonas: un centro de salud; un centro recreativo con una sala de fiestas capaz para mil personas; un sector que contiene el auditorio, la sala de convenciones, un centro de negocios, el aparcamiento subterráneo y el hotel propiamente dicho y, por último, una plaza exterior que precede la entrada principal.

Dos grandes muros-pantalla de hormigón de planta trapezoidal que albergan conducciones y servicios verticales, enmarcan la entrada. Tras ellos se disponen dos alas dispuestas en ángulo obtuso que dan forma al gran vestíbulo o plaza interior a toda altura –separada de la plaza exterior mediante una gran vidriera– al que se abren los pasillos de acceso a las habitaciones, presidido por las torres de ascensores panorámicos. La organización general del hotel, así como la decoración de que se ha dotado, responden a los planteamientos característicos de los hoteles norteamericanos. Durante los Juegos Olímpicos fue sede de los diversos comités organizadores.

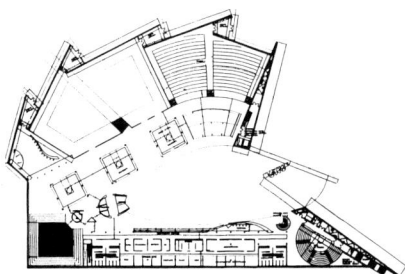

127
Torre de Telecomunicaciones de Collserola **1989-1992**

Turó de Vilana. Tibidabo
Norman Foster & Partners, arquitectos
Funicular del Tibidabo (Peu del Funicular)

La torre es, junto al pabellón deportivo Sant Jordi, el elemento construido con motivo de los Juegos Olímpicos del 92 que mejor ha asumido un carácter emblemático de aquel acontecimiento. Su emplazamiento en uno de los vértices de la sierra de Collserola, que permite su visibilidad desde un amplio radio de ámbito comarcal, y su singular arquitectura contribuyen a definirlo también como hito monumental del paisaje urbano de la ciudad.

La construcción de la torre surgió de la necesidad de reordenar las instalaciones de comunicación esparcidas por la sierra y otros puntos de la ciudad y de mejorar la eficacia de los sistemas existentes. La estructura de la torre consiste en un núcleo interior cilíndrico de hormigón de 205,50 metros de altura; una gran estructura metálica de planta triangular curvilínea con trece plataformas o niveles, con una altura total de 73 metros; tres grupos de tirantes metálicos pretensados que se anclan en la primera plataforma; tres tirantes de fibra que enlazan la coronación de la estructura metálica con el fuste de hormigón, y un mástil metálico de 85 metros de altura que corona el núcleo. Una de las plataformas superiores está destinada a galería-mirador para el público, con acceso independiente al resto de las instalaciones.

Norman Foster definió la torre como «pura escultura... la aguja más pequeña en la sensible línea del horizonte».

128
Anillo Olímpico de Montjuïc　　　1985-1992

Av. de l'Estadi; paseo de Minici Natal
Carles Buxadé, Federico Correa,
Joan Margarit y Alfonso Milá, arquitectos
Bus 13, 61. Metro L1, L3 (Espanya, Paral.lel). Funicular de Montjuïc

La ordenación y urbanización del Anillo Olímpico de Montjuïc fue el resultado de un concurso internacional restringido convocado por el Ayuntamiento de Barcelona en 1983. El proyecto ganador respondía a criterios tales como la relación con el paisaje de la montaña, la claridad de organización del conjunto, la percepción de los edificios y su valor simbólico y la relación entre todas las instalaciones.

El conjunto se estructuró a partir de un eje adaptado a la topografía que desciende desde el Estadio Olímpico hasta el Palacio del INEFC (Instituto Nacional de Educación Física de Cataluña) y que conforma sucesivamente unas terrazas o plazas flanqueadas por el resto de instalaciones, como el Palacio Sant Jordi, las Piscinas Bernat Picornell y la torre de telecomunicaciones. La relación entre los diversos niveles se resuelve por medio de escalinatas, cascadas y canales de agua, explanadas pavimentadas o tapizadas de césped, presididas por columnas luminosas alineadas a ambos lados del eje principal y que acaban en una plaza circular –la plaza de Europa– construida sobre un depósito de agua de 60.000 m^3.

El Palacio del INEFC (1988-1991), es obra del arquitecto Ricardo Bofill Leví. Tiene una capacidad para 1000 alumnos y 100 profesores y está construido con hormigón arquitectónico, siguiendo la técnica de prefabricado y encofrado *in situ*. De apariencia clásica, se

Edificio del INEFC.

Anillo olímpico. En primer término, la torre de telecomunicaciones.

organiza alrededor de dos grandes claustros cubiertos unidos por una nave central que contiene el vestíbulo y la sala de actos y exposiciones.

Las piscinas Picornell, que habían sido construidas con motivo de los campeonatos de Europa de natación de 1970, fueron eficazmente remodeladas por los arquitectos Franc Fernández y Moisés Gallego entre 1990 y 1991. El conjunto cuenta con dos piscinas al aire libre de 25 por 50 metros, una de 25 por 25 y otra cubierta, también de 25 por 50 metros.

La torre de telecomunicaciones, no prevista inicialmente, diseñada por Santiago Calatrava y construida en 1991, está situada al lado oste de la segunda plaza. Fue concebida como una escultura a escala urbana de 120 metros de altura, visible desde muchos puntos del área metropolitana. Construida en acero pintado de color blanco, su fuste presenta la misma inclinación que el eje de la tierra, actuando como un reloj de sol. La forma de la base y su tratamiento epidérmico con *trencadís* de cerámica rinde homenaje a Antoni Gaudí.

La antigua Piscina Municipal de Montjuïc, construida en 1929 y situada en la av. de Miramar, a 600 m del Estadio, se reformó para acoger las pruebas de waterpolo y de saltos. La reforma fue dirigida por Antoni de Moragas Spa (1991-1992).

Piscinas Picornell. Piscina cubierta.

Piscinas Picornell. Fachada exterior.

129
Estadio Olímpico de Montjuïc   **1986-1990**

Av. de l'Estadi; paseo de Minici Natal
Vittorio Gregotti con Carles Buxadé, Federico Correa,
Joan Margarit y Alfonso Milá, arquitectos
Bus 13, 61. Metro L1, L3 (Espanya, Paral.lel). Funicular de Montjuïc

El antiguo Estadio de Montjuïc, construido en 1929 con motivo de la Exposición Internacional, era el símbolo de los anhelos olímpicos de la ciudad. A pesar de su mal estado de conservación se decidió que fuera readaptado como escenario principal de los acontecimientos del 92, gesto que, en frase del crítico Lluís de Grassot, refleja el sentir ciudadano de «no renunciar al pasado en el momento de proyectar el futuro».

La remodelación fue encargada a Vittorio Gregotti, que se había presentado al concurso internacional convocado por el Ayuntamiento de Barcelona, en colaboración con Correa, Milá, Margarit y Buxadé. Richard Weidler se unió al equipo como supervisor técnico y consultor en ingeniería deportiva.

El nivel del terreno de juego fue rebajado once metros –operación difícil dada su naturaleza rocosa– para así poder ampliar las gradas, que fueron totalmente reconstruidas, hasta conseguir una capacidad de casi 60.000 espectadores sentados. Se restauraron la fachada original del Estadio, que constituye el fondo monumental del eje longitudinal del Anillo, y la puerta de Maratón, aunque ya no sirve para recibir a los corredores de esta prueba. Se instaló una cubierta-marquesina metálica de 150 metros de largo por 30 de vuelo, quizá el elemento menos feliz de la intervención. También se restauraron y colocaron en su lugar de origen las esculturas «Aurigas» y «Jinetes haciendo el saludo olímpico», obras que Pablo Gargallo realizó para el primitivo estadio.

130
Palacio de Deportes Sant Jordi   **1985-1990**
Av. de l'Estadi; paseo de Minici Natal
Arata Isozaki & Associates
Bus 13, 61. Metro L1, L3 (Espanya, Paral.lel). Funicular de Montjuïc

El Palacio Sant Jordi de Barcelona y el Palacio Municipal de Deportes de Badalona (av. Alfons XIII-c/ Ponent), obra de Esteve Bonell Costa y Francesc Rius Camps (1989-1990), son los edificios deportivos construidos para los Juegos Olímpicos de Verano de 1992 más celebrados por la crítica internacional. El primero ha alcanzado rápidamente la condición de emblema arquitectónico de la ciudad, al lado de sus más significados monumentos históricos.

Está formado por dos edificios: el Palacio Principal, capaz para 17.000 espectadores, y el Pabellón Polivalente, de planta rectangular y cubierta de estructura metálica plana, destinado a entrenamientos. La cubierta del Palacio Principal, una estructura de malla espacial que conforma uno de los espacios más sugestivos de la arquitectura de la ciudad, fue construida a nivel de tierra y elevada con un sofisticado sistema a base de gatos hidráulicos. Está rodeada por un pórtico adaptado a la topografía, cuya cubierta ondulada confiere dinamismo y ligereza al conjunto.

En la plaza del acceso principal se instaló la escultura «Cambio», un conjunto de pilares de hormigón de los que se ramifican varillas de acero inoxidable, obra de la artista japonesa Aiko Miyawaki. Para los vestíbulos principales del palacio el pintor J. Hernández Pijoan realizó dos murales con el título «Flors per als campions», y A. Ràfols Casamada otros dos titulados «Mar» y «Terra».

131
Pabellón Deportivo de la Mar Bella 1989-1992

Cinturón del Litoral. Playa de la Mar Bella. Parque del Poblenou
Manuel Ruisánchez Capelastegui y Xavier Vendrell Sala, arquitectos
Bus 6, 36, 92. Metro L4 (Llacuna, Poblenou)

El Parque del Poblenou, la pista de atletismo y el Pabellón de la Mar Bella son tres obras contiguas, proyectadas por los mismos arquitectos, que forman parte del sistema de espacios públicos y equipamientos del nuevo frente marítimo de Barcelona. El proyecto del parque está concebido como un paisaje de pinedas y dunas, con unos itinerarios que unen las calles rectilíneas perpendiculares al mar y que a la vez están cruzadas por caminos curvilíneos paralelos a la costa.

El Pabellón de la Mar Bella aparece en el paisaje como una figura geométrica rotunda, en el extremo nordeste del parque. Es una de las construcciones más bellas de las levantadas con motivo de los Juegos Olímpicos del 92.

El edificio está formado por un volumen principal, que contiene la sala polideportiva y las gradas del público, y un basamento perimetral parcialmente enterrado sobre el que se levanta un centro cultural con biblioteca y en el que se desarrollan los espacios de servicios. La estructura del pabellón está resuelta mediante una serie de diafragmas de cincuenta metros de luz, formados por cerchas metálicas y pantallas de hormigón, con una cubierta invertida. El cerramiento entre las pantallas es a base de planos de vidrio por el interior, practicables por la parte inferior, y por el exterior planchas metálicas perforadas. Las fachadas laterales están tratadas con paneles de madera laminada suspendidas sobre una franja horizontal acristalada.

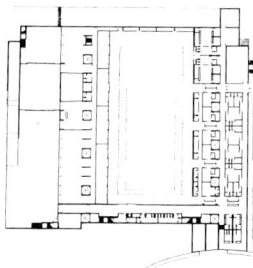

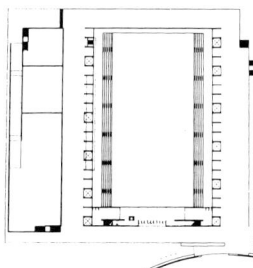

132
Área Olímpica Vall d'Hebron   **1989-1991**

Paseo de la Vall d'Hebron; parque de la Clota
Eduard Bru Bistuer, arquitecto (proyecto general de urbanización)
Bus 27, 45, 73, 76, 85. Metro L3 (Montbau)

Es una de las cuatro áreas olímpicas del 92, situada al norte de la ciudad, en las estribaciones de la sierra de Collserola. Esta situación con grandes desniveles ha conformado la ordenación del sector a base de plataformas que miran hacia la ciudad. El proyecto de ordenación realizado por Eduard Bru contempla cuatro grandes zonas: el velódromo, por encima de la Ronda de Dalt, y por debajo de ésta, la zona deportiva (con el Pabellón del Vall d'Hebron, los Campos de Tiro con Arco, el Centro Municipal de Tenis, un conjunto de piscinas y una pista polideportiva sobre las cocheras de Sant Genís), la zona residencial (Villa de la Prensa durante los Juegos Olímpicos) y hotelera y, en la parte más baja, el parque de la Clota, con el pabellón de la República Española y una serie de esculturas monumentales.

La urbanización de toda esta área se desarrolla mediante una serie de elementos (viales, aceras, pasarelas, escaleras, taludes, terrazas, jardines, objetos arquitectónicos y escultóricos, mobiliario y elementos de iluminación), cuya ordenación y formalización reflejan una voluntad de innovación e investigación en cuanto a diseño y materiales, aprovechando el momento histórico que suponía el acontecimiento olímpico. La utilización de pavimentos sintéticos en el exterior, las aceras con bordillos metálicos, los elementos de señalización y el arbolado, con una disposición atípica y efectiva, los itinerarios monumentales, las rejas de cerramiento, las pórgolas, son interesantes aportaciones al diseño urbano.

En cuanto a las nuevas edificaciones, destaca el Pabellón del Vall d'He-

Pérgolas y pabellón deportivo al fondo.

Pabellón deportivo.

bron, obra de los arquitectos Jordi Garcés y Enric Sòria, de 1990-1991, que contiene dos instalaciones deportivas independientes: el Centro Municipal de Pelota y el Palacio Municipal de Deportes. El conjunto está tratado como un gran paralelepípedo de cubierta metálica casi plana de la que sobresalen unos lucernarios lineales. Las fachadas, de obra vista, son lisas y dejan constancia en sus paramentos de la organización interior del edificio (accesos, salidas de emergencia, vestuarios, instalaciones, etc). Este tratamiento le confiere un carácter abstracto y minimalista en el complejo entorno que le rodea.

Los Campos de Tiro con Arco (1990-1991), situados en las calles Basses d'Horta y Martí Codolar, incluyen las instalaciones de entrenamiento y de competición separadas por una calle de nuevo trazado. Las grandes superficies planas que requieren estas instalaciones justifican el tratamiento de las edificaciones como muros de contención que penetran en el terreno mediante elementos prefabricados de hormigón y pérgolas metálicas, intencionadamente dispuestas de manera desordenada, dando lugar a una diversidad de planos y directrices que caracterizan el lenguaje deconstructivista de sus autores, Enric Miralles y Carme Pinós.

El Centro Municipal de Tenis «Vall d'Hebron» (proyectado por Antoni Sunyer Vives, de 1990-1991) está situado en la calle Pare Clariana, s/n. Contiene diecisiete pistas que se adaptan al desnivel del terreno y que se conforman en sucesivas plataformas separadas por muros transversales de hormigón, los cuales se prolongan hacia el exterior del

Campos de tiro con arco.

Campos de tiro con arco.

recinto por uno de los extremos formando una especie de cuña monumental. El conjunto está precedido por una plaza triangular situada en la cota más alta bajo la cual se ubican los servicios del centro.

El conjunto residencial «Nou Vall d'Hebron» (que fue la Villa de la Prensa durante los Juegos Olímpicos), se ordena alrededor de la plaza Joan Cornudella, con entrada desde la calle de Berruguete. Fue proyectado por los arquitectos Carles Ferrater, Josep M. Cartañá, Joan Josep Forcadell, Ferran Pla y Robert Suso. Dos torres de viviendas presiden el acceso a la plaza, la cual queda cerrada lateralmente por dos bloques-pantalla y, al fondo, por un edificio lineal sinuoso y escalonado que sigue el trazado del vial del Torrent dels Garrofers de Can Travi y cierra el Área Olímpica por el extremo oriental. El tratamiento de las fachadas con aplacados de piedra artificial de color blanco y la marcada horizontalidad de los huecos singularizan el conjunto dentro de la trama urbana.

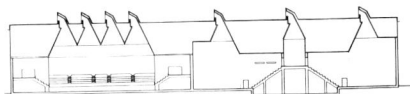

Sección longitudinal del edificio del Pabellón del Vall d'Hebron. J. Garcés y E. Sòria, arqtos.

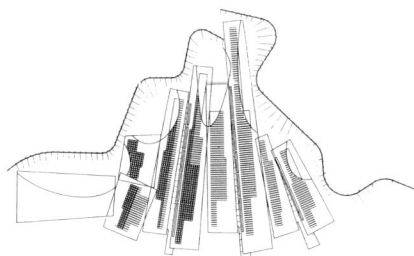

Planta del edificio de entrenamiento de los campos de tiro con arco.

133
Villa Olímpica   1985-1992

C/ de la Marina; c/ Moscou; c/ Doctor Trueta; av. Bogatell;
c/ Bisbe Climent; ronda del Litoral.
Oriol Bohigas, Josep Martorell, David Mackay y Albert Puigdomènech,
arquitectos (proyecto general de urbanización y parques)
Bus 6, 36, 71, 92. Metro L4 (Ciutadella, Bogatell)

La Villa Olímpica (también llamada Icària en recuerdo de los socialistas utópicos establecidos en el siglo XIX en aquel sector), se extiende en una zona de más de 150 hectáreas junto al mar, antes ocupada por antiguas industrias, obsoletas ya en su mayor parte, que junto con las líneas ferroviarias constituían una barrera entre la ciudad y el mar. La necesidad de construir las residencias de los atletas propició una de las mayores operaciones urbanas del fin de siglo barcelonés.

Se construyeron cerca de 2.000 viviendas, además de dos torres de 44 plantas –una para oficinas y otra para hotel–, el puerto deportivo y otras instalaciones relacionadas con el mar, edificios de oficinas singulares y un complejo de equipamientos como continuación del Hospital del Mar. También se dotó al conjunto de un pabellón polideportivo y una iglesia parroquial, centro ecuménico durante los juegos. La operación significó además la remodelación de las grandes redes ferroviarias y viarias, el saneamiento del sector del colector del Bogatell, la creación de 50 Ha de parques y la recuperación de las playas que abren la ciudad al mar.

El área residencial se ordena según manzanas semiabiertas que siguen la trama del Ensanche Cerdà, en cuyo interior se sitúan jardines, equipamientos y, en algunos casos, viviendas unifamiliares adosadas. Los proyectos de los diferentes edificios se encargaron a arquitectos o equipos de arquitectos que habían sido galardonados con el Premio FAD de Arquitectura que se celebra en

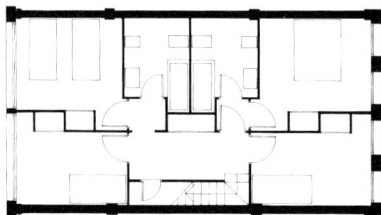

«Xemeneia de can Folch». Vivienda, planta inferior.

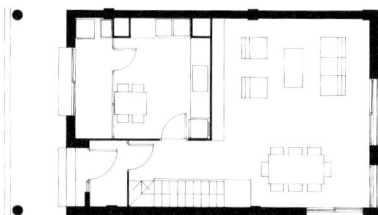

«Xemeneia de can Folch». Vivienda, planta superior.

Manzana «Xemeneia de can Folch» (c/ Moscou). MBM y Puigdomènech, arqtos.

Edificios en la calle Doctor Trueta esquina con c/ Arquitecte Sert. Ricardo Bofill, arqto.

la ciudad anualmente desde 1958. El resultado final fue una gran disparidad de tendencias formales (algo parecido a lo que ocurrió en la IBA de Berlín entre 1982 y 1987), un bajo nivel de calidad constructiva y un nivel de creatividad, en todos los casos, inferior al que sus autores habían demostrado en obras anteriores.

Algunos de los edificios residenciales son: la manzana «Xemeneia de can Folch» (c/ Moscou, calle de la Marina), del equipo Martorell-Bohigas-Mackay y Puigdomènech, que sigue la línea curva del ferrocarril subterráneo y conserva en su recinto la chimenea de la antigua fábrica Folch; el bloque diseñado por el estudio Correa-Milá, en la calle Salvador Espriu, entre la calle de la Marina y la calle Joan Miró, en el que se recuperan el balcón y las tribunas acristaladas del Ensanche; los edificios en primera línea de mar de Esteve Bonell, Francesc Rius y J. M. Gil, en la calle Salvador Espriu, entre c/ Arquitecte Sert y c/ Frederic Mompou, con una interesante solución en «tríplex»; los edificios diseñados por

Ricardo Bofill, en la calle Doctor Trueta esquina con c/ Arquitecte Sert, y el conjunto de la plaza Tirant lo Blanc, obra de J. A. Martínez Lapeña y Elías Torres, que se desarrolla en planta circular abierta, presidido por una torre en uno de los extremos (galardonado con el Premio FAD de Arquitectura 1992).

En primera línea de mar se hallan algunos edificios de servicios: la Torre Mapfre, obra de Íñigo Ortiz y Enrique León, y el Hotel de las Artes con sus construcciones anexas, obra de Bruce Graham (con Skidmore, Owings & Me-

Conjunto de la plaza Tirant lo Blanc. Vivienda tipo.

Conjunto de la plaza Tirant lo Blanc. J.A. Martínez Lapeña, E. Torres Tur, arqtos.

161

rrill) y Frank O. Gehry, ambos con una misma volumetría y altura, pero muy distintos en cuanto a propuesta formal, y el edificio del Servicio Meteorológico y Demarcación de Costas, obra del arquitecto Alvaro Siza Vieira, resuelto como un volumen cilíndrico y hermético de mármol blanco sobre una base de hormigón, perforado en su interior por otro cilindro hueco.

Los parques bordean la Villa Olímpica por los límites occidental, meridional y oriental y están divididos en tramos diferentes, cada uno de los cuales ha sido diseñado por un equipo de arquitectos distinto: el Parque de Carles I, situado entre dos límites curvos, fue proyectado por Josep Zazurca; el Parque de las Cascadas, el Parque del Puerto y el Parque de Icària, del equipo MBM & Puigdomènech, se desarrollan longitudinalmente entre la ronda del Litoral y el paseo Marítim; al extremo oriental se sitúa el Parque del Poblenou,

según proyecto de Manuel Ruisánchez y Xavier Vendrell. En el eje de la avenida de Icària, que constituye el paseo principal de la Villa y que acaba en el antiguo Cementerio Este, una gran pérgola, obra de Enric Miralles y Carme Pinós, realizada con lamas de madera sobre soportes metálicos, parece rememorar un añorado arbolado.

El edificio del Servicio Meteorológico y Demarcación de Costas. Alvaro Siza Vieira, arqto.

La Torre Mapfre (en primer término) y el Hotel de las Artes.

134
Puerto Olímpico   **1989-1992**

C/ de la Marina; ronda del Litoral
Oriol Bohigas, Josep Martorell, David Mackay y
Albert Puigdomènech, arquitectos; J. Ramon de Clascà, ingeniero CCyP
Bus 36, 41, 71. Metro L4 (Ciutadella-Vila Olímpica)

El puerto, construido frente a la Villa Olímpica, está situado al final de un recorrido monumental en dirección norte-sur que se inicia en la Fuente Monumental de la plaza de los Voluntarios (obra del arquitecto Josep M. Mercé Hospital), continúa a través de las dos torres y concluye en la explanada del aparcamiento, dejando a un lado la espectacular escultura metálica del pez diseñada por el arquitecto Frank O. Gehry.

El puerto tiene una planta cuadrangular con un gran rompeolas de línea ligeramente curvada, de unos 500 m de longitud, y una sección escalonada por cuya parte superior discurre el paseo que conduce hasta la bocana, por la cota inferior se desarrollan los muelles, donde tienen lugar las actividades portuarias y ciudadanas. En el paseo elevado del nordeste se encuentran cuatro edículos para restaurantes, una pérgola lineal con vistas sobre el puerto y la Escuela Municipal de Vela. En el extremo occidental del muelle de servicios está situado el Edificio de Recepción. Estos dos últimos volúmenes están concebidos como una trama modular de cuadrados que les confiere cierta unidad compositiva. De la Escuela de Vela destacan las cubiertas, formadas por cuartos de pirámides truncadas aparentemente desordenadas, que juegan con la luz cambiante del sol y las sombras proyectadas en sus paramentos blancos, a la vez que recuerdan velas al viento simbolizando la función del edificio.

Escuela de Vela.

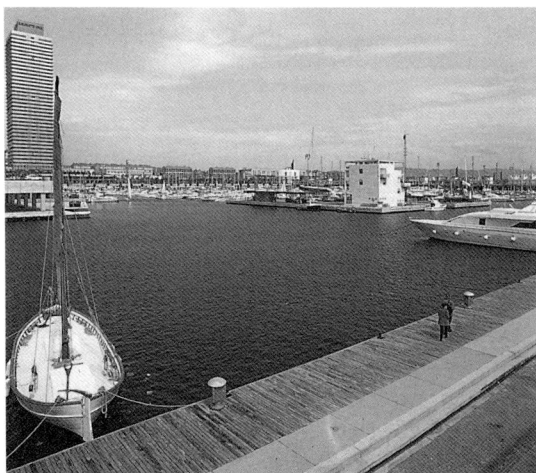

135
Edificios-puerta
de la Villa Olímpica

1989-1992

Bus 36, 41, 71. Metro L4 (Ciutadella-Vila Olímpica)

Destinados a oficinas y servicios, están construidos en los ejes viarios de mayor jerarquía circulatoria de la Villa Olímpica, entre las supermanzanas de los bloques de viviendas, y por su carácter singular han sido tratados con mayor libertad de composición, de volumen y de materiales que aquéllos. A través de estos edificios-puerta penetran las calles perpendiculares al mar que unen la Villa con el resto del Ensanche.

Central Telefónica
C/ Joan Miró, s/n; av. de Icària
Jaume Bach Núñez y Gabriel Mora Gramunt, arquitectos

Se compone de dos cuerpos unidos por un tercero elevado por encima de la calle. Los dos primeros, de volumetría diferente (un prisma de planta rectangular y sección trapezoidal invertida y un cilindro de planta elíptica), son independientes y albergan, respectivamente, las oficinas y las instalaciones técnicas de la central telefónica. Los núcleos de comunicación verticales se encuentran en las caras encontradas de los edificios, cuya dualidad funcional se refleja al exterior en el tratamiento de las fachadas: el prisma presenta sus paramentos prácticamente ciegos, aplacados de mampostería de piedra, y el cilindro está revestido con plancha ondulada de aluminio y recorrido por franjas de ventanas perimetrales y sutiles parasoles continuos que sobresalen del plano de fachada. El cuerpo que los une es de base inclinada que corresponde a las rampas de comunicación.

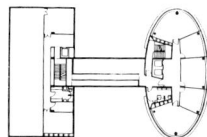

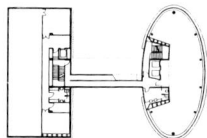

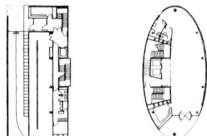

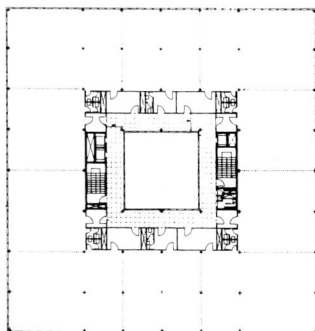

Edificio de oficinas Eurocity 1
C/ Joan Miró, s/n; av. de Icària
Roser Amadó Cercós y
Lluís Domènech Girbau, arquitectos

«Más que una puerta -dicen los autores-, es un arco de triunfo, un baluarte defensivo que protege la entrada a la manzana al modo de los torreones medievales, en cuyo interior había un patio de armas que ahora se ha convertido en un patio de luz que organiza la distribución de las oficinas de las dos plantas superiores». Aunque la construcción se eleva a seis alturas, sólo las dos últimas están cerradas como una masa cúbica de vidrio y granito donde se ubican las oficinas, sustentada por dos torres macizas que contienen los núcleos de comunicación y los vestíbulos y por una serie de columnas metálicas perimetrales.

El edificio Eurocity 1; en primer término, las pérgolas de la av. Icària. E. Miralles y C. Pinós, arqtos.

Edificios de oficinas Eurocity 2, 3 y 4
C/ Rosa Sensat (confluencia con av. de Icària y c/ Dr. Trueta)
Helio Piñón Pallarés y
Albert Viaplana Vea, arquitectos

Los criterios para solucionar estas tres «puertas», iguales en cuanto a forma y tamaño, se han basado en la ruptura volumétrica y en la percepción perspectiva. Están concebidos como un paralelepípedo cuya parte inferior se va escalonando hacia las plantas superiores hasta encontrar la línea de coronamiento, de manera que el volumen adquiere la forma de ménsula invertida. Los paramentos que miran a mar están tratados como muros-cortina y el resto de las caras con aplacado de mármol.

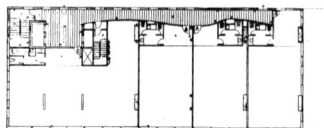

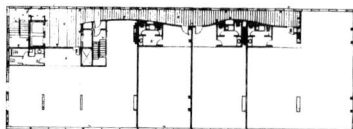

Plantas cuarta y quinta.

136
Parroquia de Sant Abraham
(Centro Ecuménico Abraham) 1990-1992

C/ Jaume Vicens i Vives, 2; c/ Bisbe Climent
Josep Benedito Rovira y Agustí Mateos Duch, arquitectos
Bus 36, 41, 71. Metro L4 (Ciutadella-Vila Olímpica)

Se halla en el extremo oriental de la Villa Olímpica, a las puertas del antiguo Cementerio del Este, aislado en una pequeña manzana. Su forma viene configurada por un conjunto de paramentos curvos que definen una envolvente elíptica para el cuerpo principal correspondiente al templo y otra triangular para el cuerpo de servicios. La forma de pez que adopta la planta tiene un carácter simbólico.

Durante la celebración de las competiciones olímpicas este edificio acogió los servicios y actos litúrgicos de las religiones consideradas como mayoritarias entre los participantes. Una vez acabada la Olimpiada se convirtió en parroquia de culto católico para servir al nuevo barrio residencial, sin perder su vocación ecuménica.

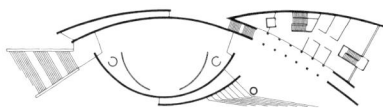

Otros edificios para equipamientos públicos construidos en la Villa son: el Pabellón Polideportivo, ubicado en un solar triangular limitado por la av. de Icària, la calle del Arquitecte Sert y la av. del Bogatell, que fue proyectado por los arquitectos Franc Fernández y Moisés Gallego, y el Centro de Asistencia Primaria (actualmente sede del Centro de Coordinación de Emergencias de la Seguridad Social), situado en la calle Joan Miró, 17, obra de los arquitectos Sergi Godia, Josep Urgell y M. Pilar de la Villa.

Pabellón Polideportivo en la avenida de Icària.

137
Nuevas vías y elementos de comunicación

La celebración de los Juegos Olímpicos permitió culminar la red viaria de la ciudad y su entorno prevista en la renovación urbana ya iniciada: comunicación entre barrios, mejora de los accesos, nuevos cinturones de ronda.

Estas actuaciones dieron lugar a algunas obras de ingeniería destacables: el puente doble de los ingenieros José Antonio Fernández Ordóñez y Julio Martínez Calzón (con la colaboración del arquitecto Lorenzo Fernández Ordóñez), en la calle Sardenya, entre las de Alí-Bey y Almogàvers (1989-1992), y tres actuaciones del estudio Fernández Casado (ingenieros, Leonardo Fernández Troyano y Javier Manterola), realizadas entre 1990 y 1992: los nudos de Collserola, de la Trinitat y la plaza Borràs en el nuevo cinturón de rondas (un conjunto viario, en general, con un alto nivel de diseño formal). También son remarcables la rotonda de Les Drassanes (av. Paral.lel-paseo Josep Carner) con su sugestiva "fuente de humo" (Pedro Barragán, arqto., y servicios técnicos de IMPUSA), y la nueva plaza de las Glòries Catalanes (1991-1992), obra del arquitecto Andreu Arriola Madorell, tanto el parque situado entre los viaductos,

como éstos, en cuyo diseño colaboró el ingeniero Adolfo Monclús Jurado.

Estas nuevas vías de comunicación o la reforma de otras, exigieron obras complementarias que también en algunos casos fueron diseñadas con especial atención a su integración en el paisaje urbano. Es el caso de las pasarelas para peatones sobre la Via Favència, proyectadas por los arquitectos Josep Ignasi de Llorens Duran y Alfons Soldevila Barbosa, y realizadas en 1992: la que discurre paralela a la avenida Meridiana (con una bella pérgola atirantada) y la pasarela-banco situada frente al polígono Canyelles, que no llegó a completarse según el proyecto inicial. Para el cruce de Via Favència con Via Júlia, Llorens y Soldevila proyectaron una singular claraboya, y para la calle Aragó una compleja pérgola. También son autores del equipamiento de las losas sobre la ronda del Litoral en los barrios de Baró de Viver y Bon Pastor.

En 1992 se colocó sobre la ronda del Litoral, cerca de la rambla de Prim, la pasarela metálica proyectada en 1972 por Carlos Fernández Casado para la plaza de las Glòries, que fue adaptada a su nuevo emplazamiento mediante ram-

Nudo de la plaza Borràs.

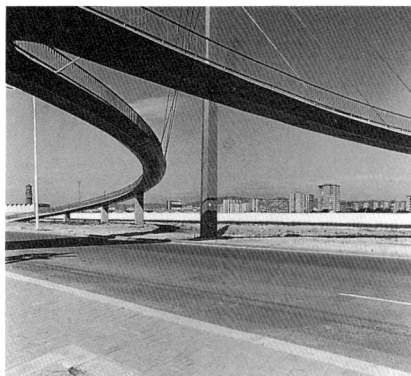

La pasarela metálica de Carlos Fernández Casado, en su nuevo emplazamiento.

pas de hormigón diseñadas por los ingenieros Fernández Troyano y Javier Manterola.

Otro tipo de infraestructuras que debieron actualizarse con motivo de esta profunda reforma urbana fueron las subterráneas. Este capítulo tuvo consecuencias negativas y positivas, al margen de sus objetivos esenciales. Entre las primeras, la destrucción (en septiembre de 1989) de los importantes restos arqueológicos de la antigua ciudadela del siglo XVIII, abatidos innecesariamente por el nuevo colector que conduce las aguas de la montaña al mar a través del parque de la Ciutadella. Entre las segundas, la instalación del didáctico Centro de exposiciones «García Fària», abierto en el subsuelo del paseo de Sant Joan, junto a la avenida Diagonal, obra del arquitecto Xavier Güell Guix (1991-1992).

La nueva plaza de las Glòries Catalanes.

Pasarela para peatones sobre la Via Favència paralela a la avenida Meridiana.

Centro de exposiciones «García Fària» en el paseo de Sant Joan.

138
Terminal del Aeropuerto
de Barcelona   1989-1992

El Prat de Llobregat

Ricardo Bofill - Taller de Arquitectura

FF.CC. RENFE (Aeropuerto) (salidas desde las estaciones
El Clot, Arc de Triomf, Plaça de Catalunya y Sants)

Como tantos otros, el aeropuerto de Barcelona no está ubicado en el término municipal de la ciudad titular. Sin embargo, se considera que pertenece al elenco arquitectónico barcelonés. El Aeropuerto del Prat fue creado en 1949, como reforma del antiguo Aeródromo Muntadas. En 1968 se construyó una nueva terminal, decorada dos años después con un mural cerámico de Joan Miró realizado por Llorens Artigas. En 1989, en vista a los Juegos Olímpicos, se inició su ampliación capaz para doce millones de pasajeros al año.

Las terminales de pasajeros (la de 1968, que se ha conservado una vez remodelada, y las nuevas) están dispuestas en línea. Una rambla, o paseo cubierto, de casi 800 metros de longitud, situada a un nivel superior, los relaciona entre sí. Tanto este pasillo como las terminales son espacios unitarios, con un pavimento único de piedra rojiza, en los que los diversos servicios (restaurantes, quioscos, tiendas, mostradores, etc) ocupan pequeños edículos aislados, de piedra blanca o de vidrio. Junto a la rambla, cuatro módulos triangulares que avanzan hacia las pistas contienen las salas de embarque; de ellos emergen las 24 mangueras para el acceso directo a los aviones.

El lenguaje utilizado por Ricardo Bofill combina un clasicismo quizá ya algo caduco con algunos exhibicionismos tecnológicos. Sin embargo, la solución de las fachadas –una doble piel de vidrio oscuro con franjas transparentes que envuelve la estructura metálica– es de una gran expresividad.

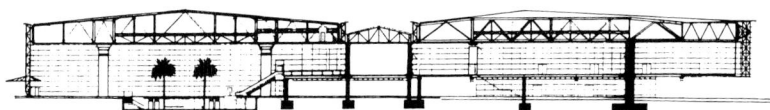

139
Hospital del Mar   1989-1992

Paseo Marítim, 25-29; c/ del Gas
Manuel Brullet Tenas y Albert de Pineda Álvarez, arquitectos
Bus 45, 59. Metro L4 (Ciutadella-Vila Olímpica)

Otro edificio cuya remodelación se inició en 1989 con vistas a los Juegos del 92 fue el antiguo Hospital de Infecciosos de Barcelona –obra del arquitecto Josep Plantada, de 1925–, que sería utilizado como Hospital Olímpico. El conjunto está formado por siete pabellones independientes dispuestos en paralelo que quedan intercomunicados mediante un eje transversal central, donde se sitúa la puerta principal. A lo largo de los años el conjunto ha sufrido diversas reformas y ampliaciones –en 1973 se construyó una torre para albergar el servicio de neurología y un cuerpo anexo para cirugía–, cosa que ha ido alterando la estructura y el volumen unitario originales.

La remodelación y ampliación actual responde, según los autores, a dos objetivos: por un lado, la definición de una nueva estructura organizativa, funcional y física del centro –manteniendo el modelo de pabellones exentos–, y por otro, su adecuación a las actuaciones urbanas y de planeamiento llevadas a cabo con motivo de la construcción de la Villa Olímpica en el frente marítimo inmediato. La nueva concepción de la fachada de mar, que se desarrolla linealmente para adaptarse a la nueva traza del paseo marítimo, las zonas comunes de acceso –como el esbelto palio del vestíbulo–, tratadas con estructuras metálicas ligeras que generan espacios dláfanos, el ambiente doméstico creado a base de zonas ajardinadas y del aprovechamiento de la luz natural, así como el mobiliario, revelan una preocupación por el diseño y por dotar al conjunto de una imagen más acorde con las nuevas edificaciones olímpicas del entorno.

La manzana del hospital se completa por el norte con otro edificio –actual sede de la Facultad de Medicina de la Universidad Autónoma de Barcelona y del Instituto Municipal de Investigaciones Médicas–, proyectado por los arquitectos J. Margarit y C. Buxadé.

140
Hotel Plaza

1990-1993

Plaza de Espanya, 8
Jordi Garcés Brusés y Enric Sòria Badia, arquitectos
Bus 9, 27, 50, 56, 61, 109. Metro L1, L3 (Espanya)

Sustituye al hotel de la Exposición Internacional de 1929, obra de Rubió Tudurí, que fue derribado. Su implantación en la plaza de Espanya, que aún conserva otros edificios de 1929 y la plaza de toros de las Arenas –cuya fábrica de ladrillo sugirió la textura de la fachada del hotel desaparecido–, produce discordancias evidentes. Tampoco consigue integrarse airosamente en el nuevo eje terciario de la calle de Tarragona que le es tangente, conformado por cuatro torres-rascacielos mucho más altas.

El edificio, de planta pentagonal, se organiza en torno a un patio central casi cuadrado cuyos paramentos están revestidos de azulejos de cerámica con un degradado de azul inspirado en el patio de la escalera de la casa Batlló de Gaudí. El revestimiento de las fachadas exteriores es de granito de dos colores, gris y rojo, con un despiece geométrico pautado que se combina regularmente con el ritmo de las aberturas y la forma de la carpintería. El reloj de la fachada intenta recordar el que tuvo el hotel de 1929.

Otro hotel de nueva planta promovido también con miras a los Juegos Olímpicos, es el Hotel Citadines (Rambla, 122, 1988-1992), de Esteve Bonell y Josep M. Gil Guitart, que solventaron con acierto el compromiso de edificar en un estrecho solar vecino a un edificio monumental. Cercano a él se levantó el Palau Nou de la Rambla –edificio «inteligente» de aparcamientos y oficinas– (Rambla, 94, 1990-1993), obra del equipo MBM en colaboración con los arquitectos Jordi Frontons, Carles Buxadé y Joan Margarit.

141
Archivo de la Corona de Aragón   **1990-1993**

Plaza de les Arts; av. de Carles I
Roser Amadó Cercós y Lluís Domènech Girbau, arquitectos
Bus 6, 42, 141. Metro L1 (Marina)

El nuevo edificio que alberga el Archivo de la Corona de Aragón, trasladado desde su antigua sede en el Palau del Lloctinent, junto a la catedral, ha sido construido en el inmenso campo raso que se extendía junto al puente de Marina, en una operación de gran alcance que tiene como objetivo dotar de equipamientos culturales y públicos esta zona de la ciudad y crear un eje monumental con el fin de conseguir el carácter de centralidad que, desde 1859, estaba previsto en el plan original de Ildefons Cerdà. Alrededor de la nueva plaza de les Arts, en la confluencia con la calle Marina (hasta hace poco, de Carlos I) y la avenida de la Meridiana, se ordenan el parque de la Estació del Nord con la nueva terminal de autobuses, el Archivo, el Teatro Nacional de Cataluña (obra del arquitecto Ricardo Bofill), y el nuevo Auditorio, proyectado por el arquitecto Rafael Moneo Vallés.

El nuevo edificio del Archivo de la Corona de Aragón, hito singular visible desde perspectivas lejanas, se compone de dos volúmenes principales, diferenciados por el lenguaje arquitectónico empleado y separados por la zona de acceso que constituye, a la vez, el punto de conexión visual con el parque.

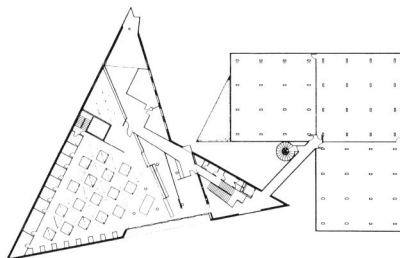

142
Port Vell

1990-1993

Paseo Joan de Borbó; Moll de la Barceloneta;
Pla del Palau; plaza Pau Vila
Jordi Henrich Monràs y Olga Tarrasó Climent, arquitectos
Bus 14, 16, 17, 39, 45, 57, 59, 64. Metro L4 (Barceloneta)

La recuperación de las viejas instalaciones portuarias como espacios urbanos para la ciudad ha sido uno de los objetivos de la política urbanística llevada a cabo por el Ayuntamiento de Barcelona en la última década. El perímetro que circunda el antiguo puerto desde el muelle de España hasta el muelle del Reloj, en el extremo inferior del barrio de la Barceloneta, se ha convertido en un paseo peatonal junto al agua de más de un kilómetro de longitud sin solución de continuidad. La operación -financiada por el Puerto Autónomo de Barcelona y por el Instituto Municipal de Promoción Urbanística- ha comportado, además, la urbanización del sector de la fachada marítima de la Barceloneta (paseo de Joan de Borbó), el Pla del Palau, el sector del edificio de Correos y la plaza de Pau Vila, y la ordenación de la red viaria.

La vertebración de estos espacios, tanto desde el punto de vista urbano como desde el formal, se consigue mediante la utilización diversificada de los materiales de pavimentación, los pequeños movimientos topográficos que generan taludes y gradas, las masas arbóreas, las columnas de luz, el mobiliario y los elementos escultóricos, que se integran sutilmente en el nuevo paisaje. Estas piezas artísticas son aportaciones a la exposición permanente que bajo el nombre de "Configuraciones urbanas" se realizó en el Port Vell con motivo de su inauguración: en el muelle del Reloj, Mario Merz expuso su serie "Fibonazzi"; en la plaza de Pau Vila, Lothar Baumgarten incrustó en el pavimento la "Rosa de los Vientos", con los nombres de cada uno de ellos hechos en hierro fundido, y Ulrich Rückriem colocó en el Pla del Palau cuatro bloques graníticos con el lema "Sense títol (Quatre falques)".

De las antiguas edificaciones del sector se ha conservado el Depósito General del Comercio –actual Palau de Mar–, restaurado por el arquitecto Fberhard Zeidler.

El resto de muelles que configuran el Port Vell han sido también objeto de profundas remodelaciones. En el muelle de Barcelona se está levantando la nueva Estación Marítima con el edificio circular del Centro Internacional de Negocios, según proyecto de los arquitectos Pei, Cobb, Freed & Partners. En el muelle de España se creó la Rambla de Mar, con una pasarela flotante de conexión con el paseo de Colom (diseñada por H. Piñón y A. Viaplana), y se han construido un centro comercial y de recreo, el Maremagnum (según proyecto de Piñón, Viaplana, Jordi Mir y Rafael Coll), un aquarium –el Centro del Mar–, de los arquitectos Esteve Terradas y Robert Terradas, y el Cinema Imax, con una pantalla panorámica, proyectado por J. Garcés y E. Sòria.

Un espacio triangular resultante de la unión de los muelles de España y del Depósito ha sido diseñado por Pedro Barragán y monumentalizado con la escultura "La Cara de Barcelona", de Roy Lichtenstein.

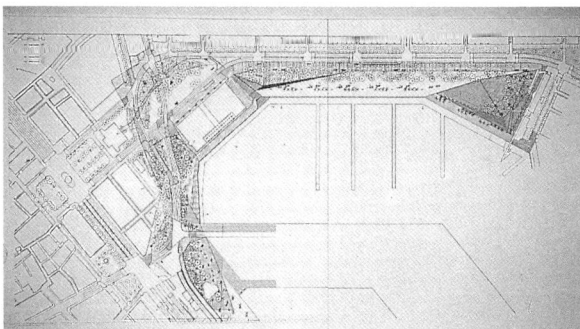

Port Vell.

El muelle de España, con el edificio Maremagnum en primer término.

Pasarela en el muelle de España.

143
Centre de Cultura Contemporània
Casa de Caritat   1990-1993

C/ Montalegre, 3-5
Helio Piñón Pallarés y Albert Viaplana Vea, arquitectos
Bus 9, 14, 18, 38, 47, 58, 59, 91. Metro L1, L2, L3 (Catalunya)

El edificio conocido como *Pati de les Dones* (patio de las mujeres) de la antigua Casa de Caridad alberga hoy en día este centro de proyección internacional, para lo cual se llevó a cabo una importante remodelación de los espacios y la mutilación del ala norte del patio, que no tenía la calidad arquitectónica y formal de las otras tres alas. En su lugar se ha edificado un cuerpo prismático en el que se sitúa el núcleo de comunicaciones verticales -ascensores y escaleras mecánicas- y los vestíbulos de acceso a las diferentes plantas del edificio. La fachada de este nuevo cuerpo, abocada al patio, es totalmente acristalada y sobresale por encima de las tres alas originales formando una inflexión inclinada hacia el patio, a manera de cornisa, con lo que se consiguen unos efectos visuales sobre la ciudad vieja inéditos.

Las otras tres fachadas que delimitan el patio formando una U, así como la principal exterior, han sido restauradas respetando su morfología original. La fachada sur del conjunto es totalmente nueva, fruto de la necesidad de cerrar el edificio por este sector al haber sido eliminada una parte de la Casa de Caridad para construir en el solar resultante el Museo de Arte Contemporáneo.

El recorrido del centro se inicia en el mismo patio, desde el que se accede a la planta sótano a través de una rampa y donde se sitúa la zona de recepción y la sala de actos. Las plantas baja y primera que, como el sótano, conservan las características constructivas del edificio preexistente, como las bóvedas y los pilares de piedra, están destinadas a oficinas, seminarios, tiendas, bar y talleres; en cambio, las plantas segunda y tercera han sido profundamente remodeladas para ubicar los espacios de exposición.

144
El Corte Inglés 1990-1994

Plaza de Catalunya, 14-16; ronda de Sant Pere; c/ Fontanella
Elías Torres Tur y José Antonio Martínez Lapeña, arquitectos
(remodelación del edificio antiguo)
Equipo MBM y Albert Puigdomènech, arquitectos (ampliación)
Bus 7, 16, 17, 22, 28, 35, 42, 47. Metro L1, L2, L3 (Catalunya)

La implantación de El Corte Inglés en la plaza de Catalunya ha pasado por diversas fases a lo largo de los años. En 1962 se inauguró el primer edificio destinado a almacenes comerciales, situado aproximadamente en el centro de la fachada de la plaza, y durante los años setenta se fue ampliando en sucesivas fases hacia el lado norte, ocupando el chaflán y parte de la ronda. La fase inaugurada en 1993 comprende el nuevo edificio construido en el chaflán sur, que ha incorporado también el solar y una tribuna modernista -diseñada por el arquitecto Antoni Maria Gallissà- de una antigua edificación de la calle Fontanella. El proyecto de este edificio -que inicialmente pertenecía a otro propietario y durante las obras fue adquirido por El Corte Inglés- se debe al equipo MBM-Puigdomènech.

La remodelación de la fachada del edificio preexistente y su ampliación por la ronda de Sant Pere se inició en 1990, a cargo de Elías Torres y Martínez Lapeña, y parece que fue voluntad del Ayuntamiento de Barcelona que ambos edificios fueran tratados con una cierta unidad, de modo que las fachadas constituyeran una envolvente homogénea en todo el perímetro.

Los dos chaflanes están resueltos mediante paramentos curvos aunque con lenguajes diferentes, fruto de la aportación creativa de cada equipo. El del lado norte se retranquea paulatinamente hacia sus extremos y hace de piel del chaflán sur, para remarcar el carácter unitario deseado. El zócalo de bronce y la marquesina que lo corona, comunes a todo el edificio, refuerzan aún más ese carácter. Sobre la esquina norte destaca, como cincelado en la piedra, el letrero de los grandes almacenes, que también aparece recortado en la parte superior de la torre que alberga la maquinaria de los ascensores. La fachada del patio de manzana del edificio es una bella "cortina" de plancha metálica que esconde la compleja trama de las instalaciones.

Fachada del patio de manzana.

145
Edificio "Illa Diagonal"   1986-1993

Av. Diagonal, 555-559; c/ Numància; c/ Pau Romeva
Rafael Moneo Vallés y Manuel de Solà-Morales Rubió, arquitectos
Bus 6, 7, 33, 34, 63, 66, 67, 68. Metro L3 (Maria Cristina)

El sector oriental de la Diagonal, desde las cercanías de la plaza de Francesc Macià hasta la nueva zona universitaria, se mantuvo poco edificado hasta los años setenta. Durante las décadas siguientes, favorecida la zona por una política de implantación y desarrollo del sector terciario, se planificó su ocupación mediante edificios aislados, en contraste con la vecina edificación cerrada del Ensanche.

Una de las últimas manzanas en ser construida fue la que acoge este edificio. La ubicación del solar, entre las manzanas cerradas y las abiertas, y sus poco usuales dimensiones (casi trescientos metros de fachada a la Diagonal), hubieran podido dar lugar a una masa arquitectónica desmesurada que, además, podía haber agudizado la ruptura entre aquellas dos tramas. Para soslayar el riesgo se planteó como una edificación continua (a modo de "rascacielos horizontal"), que valora el concepto de calle frente al de espacio urbano roto o discontinuo y que evita la monotonía mediante una controlada jerarquía de volúmenes, el retranqueo de los planos de fachada y una modulación ordenada de los huecos respecto al despiezo regular del revestimiento pétreo de los paramentos. El resultado es uno de los edificios más expresivos de la arquitectura contemporánea de Barcelona.

El edificio, que mereció el Premio FAD de Arquitectura 1994, alberga un hotel, salas de convenciones y fiestas, oficinas y comercios. Su clara vocación de relación con el entorno urbano se manifiesta en la planta baja, atravesada longitudinalmente por una calle comercial a doble altura.

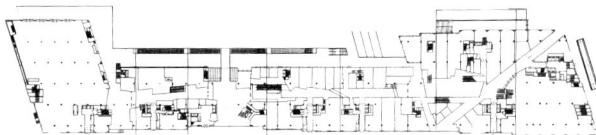

146
Edificio de viviendas

1989-1994

C/ del Carme, 55-57; c/ Roig, 28-30. El Raval
Josep Antoni Llinàs Carmona, arquitecto
Bus 14, 18, 38, 59. Metro L1, L3; FF.CC. Generalitat (Catalunya)

El edificio se halla en una zona del antiguo barrio del Raval notablemente degradada tanto desde el punto de vista residencial como ambiental. La idea general del proyecto responde a tres objetivos básicos: en primer lugar, mejorar la visibilidad y el tránsito peatonal de la calle Roig mediante la rectificación de la alineación preexistente (a pesar de que el planeamiento urbanístico admitía la ocupación total del solar), retranqueando las fachadas de la nueva edificación; en segundo lugar, cambiar la tipología edificatoria habitual en la zona, casa entre medianeras con fachada continua a lo largo de la calle, por otra de pequeños bloques casi exentos, cuya disposición permite aprovechar al máximo la escasa insolación del lugar; y, en tercer lugar, articular los tres edificios mediante espacios cubiertos de diferentes alturas y cerramientos, sobre los que se generan patios de uso comunitario.

La distribución en planta de las viviendas pone especial énfasis en dotar de buena visibilidad a las zonas domésticas comunes, como las salas de estar-comedor, que se abren sobre la calle a través de ventanales y tribunas en ángulo.

A pesar de que el planteamiento general del edificio rehuye cualquier mimetismo con la arquitectura colindante, mantiene ciertas referencias morfológicas, como las líneas de imposta horizontales y los cerramientos de las aberturas, a base de puertas con persianas de librillo abatibles, tan características de la arquitectura decimonónica del barrio.

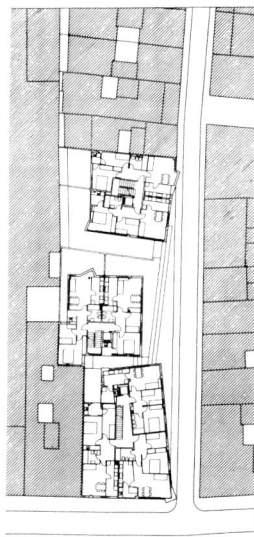

147
Museo de Arte Contemporáneo
de Barcelona   1987-1995

Plaza dels Àngels, 1
Richard Meier & Partners, arquitectos
Fernando Ramos Galino, arquitecto colaborador
Bus 14, 18, 38, 59. Metro L1, L3; FF.CC. Generalitat (Catalunya)

La antigua Casa de Caridad fue objeto de importantes remodelaciones y sacrificios al amparo de la reforma urbana potenciada por los Juegos Olímpicos de Verano de 1992. Una parte del edificio fue derribada para construir el Museo de Arte Contemporáneo de Barcelona y abrir una nueva plaza.

El edificio se levanta como un objeto escultórico singular y autónomo, desdeñosamente ajeno a las arquitecturas y a la trama urbana que le rodean. Se trata de un volumen prismático de cuya piel blanca, discontinua, emergen elementos que rompen las fachadas en un juego de planos superpuestos, rasgado transversalmente en dos cuerpos (de dimensiones y contenidos funcionales diferentes), un volumen cilíndrico (que acoge el acceso principal) y un espacio de tránsito tangente a él que comunica la plaza exterior con la interior de la Casa de Caridad.

El cuerpo mayor aloja los elementos de circulación y los ámbitos de exposición. Un corredor articula el espacio interior y crea un vacío a toda altura en el que se incorporan las rampas de acceso a las plantas que discurren paralelas a la fachada principal, permitiendo la percepción exterior-interior. En el extremo sureste, un cuerpo opaco curvilíneo se adhiere al volumen general rompiendo la marcada horizontalidad del conjunto.

En la plaza interior de la Casa de Caridad se construyó entre 1995 y 1996 por los arquitectos Daniel Freixes, Vicente Miranda y Vicenç Bou, la Facultad de Ciencias de la Comunicación 'Blanquerna', de la Universidad Ramon Llull (acceso, calle de Valldonzella, 23).

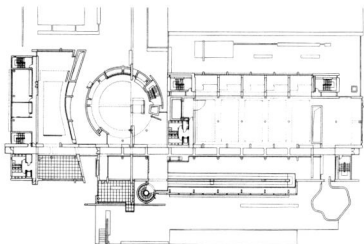

148
Azotea y desván de la Casa Milà 1991-1996

Paseo de Gràcia, 92; c/ Provença, 261-265
Francisco Javier Asarta y Robert Brufau, arquitectos
Raquel Lacuesta, historiadora de arte
Enric Mira, coordinador general
Bus 22, 24. Metro L3, L5 (Diagonal)

En 1991, la Caixa de Catalunya, actual propietaria de este inmueble construido por Antoni Gaudí entre 1906 y 1911, prosiguió los trabajos iniciados en 1988 y acometió la restauración de la fachada del patio de manzana, los patios interiores, las escaleras de servicio, el desván y la azotea. Los estudios previos permitieron conocer los colores y las texturas de los enlucidos, las pinturas murales y la carpintería originales, así como de los revestimientos de *trencadís* pétreo y cerámico de los edículos arquitectónico-escultóricos que monumentalizan la azotea (cajas de escalera, torres de ventilación y chimeneas).

En la azotea se eliminaron la mayor parte de las chimeneas construidas después de concluir Gaudí el edificio. En el desván, fue preciso consolidar la estructura y reconstruir casi todos los arcos parabólicos diafragmáticos que soportan la azotea, ya que habían perdido una o dos roscas de ladrillo al ser compartimentado el espacio, en 1954, para ubicar los apartamentos diseñados por F.J. Barba Corsini. Éstos han sido también eliminados, así como las ventanas que se abrieron en las mansardas para ventilarlos y dotarlos de luz natural, lo que permitió recuperar el espacio diáfano de toda la planta, uno de

los más sugestivos creados por Gaudí y que era prácticamente desconocido por el público no especializado. En este espacio, abierto al público, se ha instalado el *Espai Gaudí,* diseñado por Daniel Giralt-Miracle y Fernando Marzá, en el que se puede hacer un recorrido por la biografía y la arquitectura gaudinianas, a través de un audiovisual y de maquetas, que han sido ejecutadas bajo la dirección de Laura Baringo. Esta restauración obtuvo el Premio Nacional de Patrimonio Cultural de la Generalitat de Catalunya, 1997.

149
Forum Nord de la Tecnología   1993-1994

c/ Marie Curie, 135; c/ Albert Einstein. Nou Barris
Josep Benedito Rovira y Agustí Mateos Duch, arquitectos
Bus 11, 12, 31, 32, 47, 73, 76. Metro L4 (Llucmajor)

En 1991, el Ayuntamiento de Barcelona, a través de Barcelona Activa, S.A., promovió un concurso de ideas restringido -cuyos ganadores fueron Benedito y Mateos- con el fin de crear un equipamiento de carácter cultural que sería destinado a la innovación, la promoción y la difusión tecnológicas. El proyecto tenía como objetivos el desarrollo socio-económico de este sector del norte de Barcelona y servir de motor de la ordenación urbanística del área del antiguo Instituto Mental de la Santa Cruz (que en la actualidad ocupa parcialmente la sede del Distrito de Nou Barris) y de las calles colindantes.

El conjunto está configurado por dos edificios de hormigón, longitudinales y paralelos, unidos mediante tres naves transversales acristaladas y transparentes, con cubiertas inclinadas metálicas. Las naves están separadas entre sí por dos patios-claustro. Todos estos cuerpos quedan comunicados a través de las plantas sótano y semisótano, en las que se ubican los aparcamientos. Su altura máxima coincide prácticamente con la de los dos cuerpos ortogonales adyacentes, que antiguamente habían estado ocupados por el Instituto Mental.

Los arquitectos Benedito y Mateos son también autores del proyecto de adecuación del Palau de Mar (antiguo Depósito General del Comercio del Port Vell de Barcelona, situado en el paseo de Joan de Borbó, s/n) para sede del Museo de Historia de Cataluña, inaugurado en 1996.

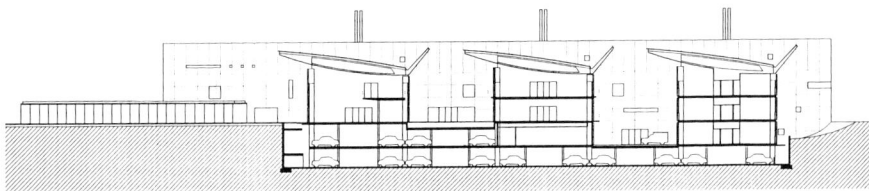

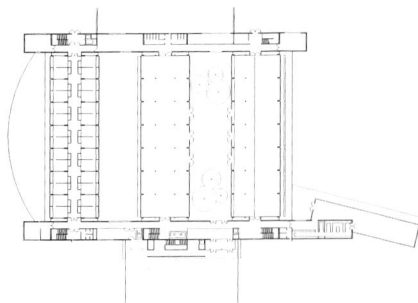

150
Biblioteca Gabriel Ferraté   1992-1996

Campus Norte de la Universidad Politécnica de Cataluña
c/ Jordi Girona, 1-3
Ramon Sanabria Boix y Ramon Artigues Codó, arquitectos
Bus 7, 54, 60, 74, 75. Metro L3 (Zona Universitària)

Situado en el límite sur del complejo universitario, destaca del resto de las edificaciones docentes de obra vista con un lenguaje autónomo y unos materiales que le confieren un papel representativo. La geometría sesgada de las plantas genera fachadas fragmentadas cuya piel se adapta a las superficies en forma de muros cortina de cristal o planos opacos, que se pliegan respecto a los ejes de las aristas. Uno de estos plegamientos da lugar a un atrio cubierto a gran altura (tamiz del sol meridional), a través del cual se accede a la calle-*lobby* que atraviesa el edificio y lo fragmenta en dos cuerpos: el que contiene los espacios servidos (salas de lectura y estudio), de planta en forma de triángulo rectángulo, y el de los espacios servidores (servicios). La geometría tiene su mayor expresión en la que podríamos considerar la fachada cenital del edificio, una cubierta con lucernarios en diente de sierra cuyas directrices favorecen la entrada de luz natural a la sala de lectura de la última planta.

Al lado oeste de la biblioteca se levanta otra de las construcciones del Campus Norte, el Edificio Nexus (c/ Gran Capità, 2), un volumen cilíndrico de superficies acristaladas, diseñado por el arquitecto Lluís Nadal y construido en 1994.

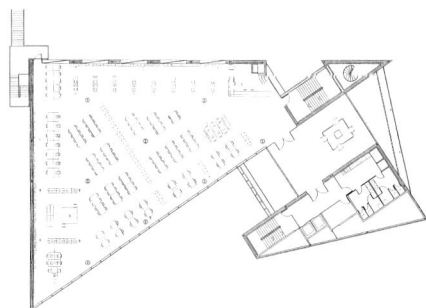

151
Baños de San Sebastian   1992-1997

"Club Natació Atlètic-Barceloneta"
Plaza del Mar. Barrio de la Barceloneta
José Antonio Martínez Lapeña y Elías Torres Tur, arquitectos
Bus 17, 39, 57, 59, 64. Metro L4 (Barceloneta)

El edificio y la plaza del Mar ocupan los solares resultantes del derribo de los viejos Baños Orientales y de San Sebastián del barrio de la Barceloneta, cuya playa fue objeto de una importante operación de saneamiento con motivo de la celebración de los Juegos Olímpicos del 92.

Los nuevos Baños de San Sebastián, de promoción municipal, están constituidos por un edificio que contiene piscina cubierta, gimnasio, jacuzzi, sauna, solariums, restaurante, etc., y unos espacios libres anexos (terraza-mirador con piscina y jardín de palmeras). El edificio está concebido como un juego de volúmenes prismáticos de hormigón, de tres plantas y fachadas lisas, sólo interrumpidas por unos frisos acristalados; especialmente singular es el ventanal de la primera planta, que permite contemplar el mar al tiempo que se nada. El uso inteligente de los materiales (como el revestimiento interior de las paredes de la sala de la piscina cubierta con ladrillo perforado, tipo gero, esmaltado) y la belleza de algunas soluciones (como la estructura de madera de la cu-

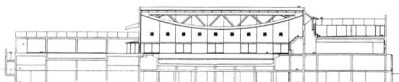

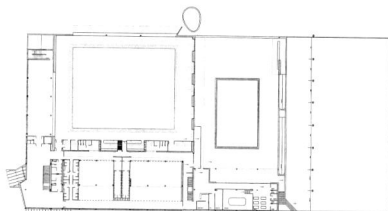

bierta y el canalón y la gárgola de desa-
güe), son aspectos a destacar de este
edificio minimalista.

Siguiendo la línea del mar hacia el
norte, contigua a la plaza, se encuentra
la Playa de San Miguel, que fue urbani-
zada como paseo marítimo según el
proyecto de los arquitectos Jaume Artigues, Olga Tarrasó, Jordi Henrich i Miquel Roig, y monumentalizada con una
escultura de Rebecca Horn. La obra fue
galardonada con el Premio FAD 1996.

Playa de San Miguel, Barceloneta

152
Parque de Canyelles

1989-1998

"Josep Ma. Serra Martí"
Via Favència. Polígono Canyelles
Cinto Hom Santolaya, arquitecto
(colaboración de Carles Casamor, arquitecto)
Bus 27, 31, 47. Metro L4 (Lluchmajor)

El parque de Canyelles ocupa el corazón del último polígono de viviendas que se construyó en Barcelona durante la década de los setenta, en torno al barrio de la Guineueta Vella, cuyos vecinos fueron realojados en los nuevos bloques. La construcción del parque se debe en buena medida a la reivindicación de la Asociación de Vecinos de Canyelles, que logró detener la tendencia a ocupar aquel gran solar, arrasado, por más viviendas. El Ayuntamiento accedió a destinar el espacio libre de 4 Ha a parque y equipamientos.

Los equipamientos, que delimitan el parque, fueron los primeros en construirse: el mercado Canyelles, al oeste; el Centro de Mantenimiento Urbano, proyectado por Enric Pericas –un edificio alargado que actúa como muro de contención del parque por el lado sur y cuya terraza se convierte en una prolongación de aquél–, la guardería El Vent (de Josep Mª Aguilera), al nordeste (los tres municipales), y la iglesia de Sant Narcís (de David Barrera), al sureste.

El parque fue concebido a la vez como plaza-paseo. Para ello se generó un eje central longitudinal, de trazado curvilíneo (la calle de Antonio Machado) que crea dos áreas diferenciadas: en la superior, de fuerte pendiente, se distribuyen unos grandes espacios de parque propiamente dicho y bosque, que constituyen un mirador sobre la ciudad; en la inferior, más llana, se ubican los juegos infantiles y las ferias, mercados ambulantes y otras actividades ciudadanas. Las zonas ajardinadas, definidas por los diferentes pavimentos, siguen unos trazados sinuosos que potencian el criterio paisagístico de la actuación y

que permiten recorridos sugerentes. Bajo el parque, y formando una contra-curva respecto al paseo, se construyó un aparcamiento subterráneo, cuyos cuerpos de ascensores y ventilación emergen en la superficie como elementos escultóricos metálicos.

El proyecto preveía un lago, que no se llegó a realizar. En cambio, se construyó la fuente Manuel de Falla (proyectada por Pedro Barragán), dotada de efectos de luz, color y sonido. Cerca de ésta se colocó la escultura "Alegrías", monumento a Maria Àngels Rivas (obra del escultor Naxo Farreras Casanovas), que fue presidenta de la Asociación de Vecinos en los primeros años de la formación del polígono y a cuya gestión el barrio debe gran parte de lo que ha llegado a ser.

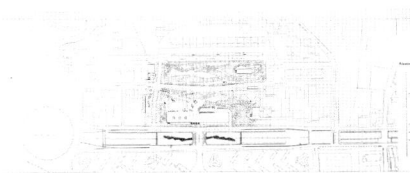

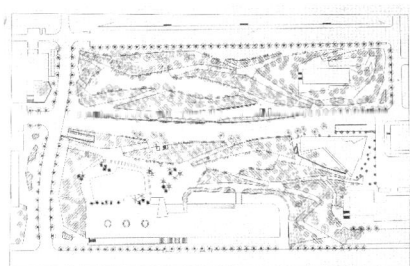

153
Edificio Jaume I

1992-1996

Universidad Pompeu Fabra. Campus de la Ciutadella
c/ Ramon Trias Fargas, 23-25
Esteve Bonell Costa y Josep Maria Gil Guitart, arquitectos
Bus 36, 41, 71. Metro L4 (Ciutadella-Vila Olímpica)

La Universidad Pompeu Fabra fue creada en 1990 por el Parlament de Catalunya y desde sus inicios planteó una clara voluntad de implantación urbana, por lo que sus primeras construcciones consistieron en la reutilización de edificios de carácter histórico-artístico, algunos situados en la ciudad antigua.

El Edificio de Jaume I (denominación del antiguo cuartel militar que hubo en aquellas dependencias), acoge las actividades departamentales de la UPF y una biblioteca. Ocupa una manzana del Ensanche, con cuatro alas que conforman un gran claustro central. El proyecto de adecuación se propuso conservar el edificio, especialmente en lo que respecta a la imagen original de las fachadas exteriores y del claustro, y adecuar el interior con las condiciones de confortabilidad, ventilación e iluminación exigibles para la nueva función.

La biblioteca consta de una zona situada en el sótano, con acceso desde una escalera que desciende hasta otro patio que perfora el anterior, lo que permite la iluminación natural de la sala de lectura, complementada con cuatro lucernarios cúbicos alineados al oeste del claustro. Otra zona es un volumen prismático que emerge del suelo, dota de luz al sótano y genera salas de lectura en las plantas superiores. Los núcleos de comunicación verticales se sitúan en los ángulos del edificio.

El espacio vacío entre esta manzana y la ocupada por el cuartel de Roger de Llúria (edificio de características similares al de Jaume I, actualmente en curso de remodelación según proyecto del equipo Martorell-Bohigas-Mackay-Puigdomènech), se ha transformado en el Àgora Rubió Balaguer de la UPF, diseñado por los arquitectos Jordi Garcés y Enric Sòria.

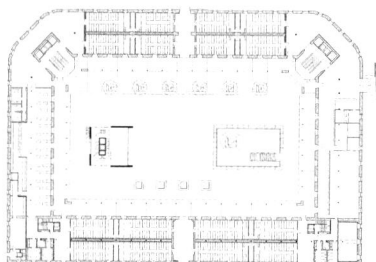

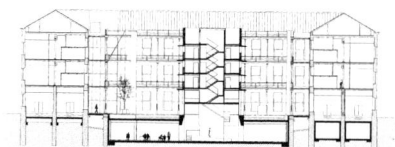

154
Auditorio de Barcelona (l'Auditori)   1988-1999

Calle de Lepant, 150; plaza de les Arts
Rafael Moneo Vallés, arquitecto
Bus 6, 10, B21, N0. Metro L1 (Marina), L2 (Monumental)

Situado al extremo norte del Ensanche Cerdà, constituye uno de los equipamientos de mayores dimensiones de la ciudad, al modo del Hospital Clínico y la Universidad Industrial. Su geometría simple le integra perfectamente en el entorno urbano, del que no destaca ni por su altura ni por ningún efecto decorativo añadido que lo monumentalice, a excepción de los materiales (una combinación modulada de acero, vidrio y hormigón), que le confieren una singular belleza. La entrada principal, remarcada por una marquesina de gran vuelo, da paso a un amplio vestíbulo, un espacio abierto coronado por una linterna translúcida (se diría que una escultura flotante)

desde donde se accede a las salas y al aparcamiento subterráneo.

El edificio, de 42.500 m², contiene la sala sinfónica, con capacidad para 2.340 personas, la sala de música de cámara, una sala polivalente y salas de ensayo para solistas y grupos. Está previsto instalar, también, el Conservatorio Superior de Música de Cataluña y el Museo de la Música de Barcelona.

El diseño rectangular del inmueble contrasta con el juego de geometrías y la peculiar configuración de la sala sinfónica, y su austeridad exterior se contrarresta con el revestimiento interior de madera de arce canadiense, que incorpora la iluminación artificial.

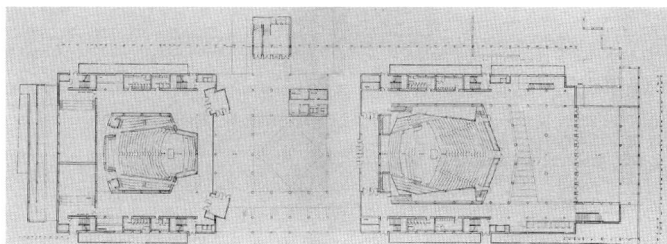

Bibliografía

AB, *Butlletí de la Demarcació de Barcelona*, 41. COAC.

AAVV, *Martorell-Bohigas-Mackay: arquitectura 1953-1978*, ed. Xarait, Barcelona, 1979.

AAVV, *Antoni de Moragas Gallissà. Homenatge*, Editorial Gustavo Gili, S.A./FAD, Barcelona, 1989.

AAVV, *Barcelona, arquitectura y ciudad. 1980-1992*, Editorial Gustavo Gili, S.A., Barcelona, 1990.

AC *Documentos de Actividad Contemporánea*, Barcelona.

Ajuntament de Barcelona, *Plans i projectes per a Barcelona, 1981-1982*, Barcelona, 1983.

Ajuntament de Barcelona, *Barcelona espais i escultures*, Barcelona, 1987.

Ajuntament de Barcelona, *Urbanisme a Barcelona. Plans cap al 92*, Barcelona, 1987.

Ajuntament de Barcelona, *Catàleg del Patrimoni Arquitectònic Històrico-Artístic de la Ciutat de Barcelona*, Barcelona (s/f) [1987].

Ajuntament de Barcelona, *Memòria 1987-1991. Àmbit d'urbanisme i serveis municipals*, Barcelona, 1992.

Ajuntament de Barcelona, *Barcelona espai públic*, 1992.

Ajuntament de Barcelona, *La Barcelona del 93*, 1993.

Ajuntament de Barcelona, *Barcelona, posa't guapa. Memòria d'una campanya*, 1993.

Amadó, R., Domènech. L., *Arquitectura para después de una guerra 1939-1949*, (catálogo de exposición), COAC, 1977.

Antoni de Moragas Gallissà, homenatge. Editorial Gustavo Gili, S.A./FAD, Barcelona, 1989.

Arquebisbat de Barcelona, *Labor pastoral de un gran pontificado*, Barcelona, 1962.

Arquitectos, «Oriol Bohigas», 119, Consejo Superior de Colegios de Arquitectos, Madrid, 1990.

Arquitectura, 266, 278-279, 290, 297, Madrid.

Arquitectura i Urbanisme, «L'Arquitectura d'avui a Catalunya. Cases de pisos de lloguer», 3, Barcelona, enero de 1933.

Arquitectura i Urbanisme, «L'arquitectura avui a Catalunya. Cases de pisos de lloguer», Barcelona, septiembre de 1935.

Arquitecturas Bis, 6, 49, Barcelona.

Arquitectura Viva, 35, Madrid, marzo-abril 1994.

A+T, Revista de Arquitectura y Tecnología, 10, 1997.

A & V Arquitectura y Vivienda, 22, Madrid, 1990.

Barcelona. Arquitectura y ciudad. 1980-1992. Editorial Gustavo Gili, S.A., Barcelona, 1990.

Barcelona Atracción, «La arquitectura moderna en Barcelona», 242, Barcelona, 1931.

Barcelona, Metròpolis Mediterrània, 1, 23, Barcelona.

Bohigas, O: «La arquitectura moderna en España», en G. Dorfles, *La arquitectura moderna*, ed. Seix y Barral, Barcelona, 1956.

Bohigas, O., *Barcelona, entre el pla Cerdà i el barraquisme*, Edicions 62, Barcelona, 1963.

Bohigas, O., *Arquitectura española de la Segunda República*, Tusquets ed., Barcelona, 1970.

Bohigas, O., «L'arquitectura a Catalunya. 1911-1939», en E. Jardí, *L'art català contemporani*, ed. Proa, Barcelona, 1972.

Bohigas, O., *Reconstrucció de Barcelona*, Barcelona, 1985.

Bru, E., Mateo, J.L., *Arquitectura española contemporánea*, Editorial Gustavo Gili, S.A., Barcelona, 1980.

Capitel, A., Ortega, J., *J.A. Coderch, 1945-1976*, Ed. Xarait, Madrid, 1978.

Campus 1986-1996. Deu anys d'arquitectura universitaria a Catalunya, Generalitat de Catalunya, 1996.

CAU, 7, 57, 78, Barcelona.

CAU, «Las exposiciones del 1929, sin nostalgia», 57, Barcelona, 1979.

CAU, «Pere Benavent de Barberà, en el ocaso de la tradición», 78, Barcelona, abril de 1982.

CIC Información, «Una piscina frente al mar», 317, Barcelona, junio 1998.

Cirici Pellicer, A., L'arquitectura catalana, Ed. Teide, Barcelona, 1975.

Cuadernos de Arquitectura y Urbanismo, 1, 39, 40, 65, 68-69, 73, 78, 84, 85, 90, 91, 92, 93, 94, 103, 104, 113, 121, 131, 136, COAC, Barcelona.

Cuadernos de Arquitectura y Urbanismo, «Sert, obras y proyectos 1929-1973», 93, COAC, Barcelona, 1972.

Cuadernos de Arquitectura y Urbanismo, «GATCPAC», 90 y 94, COAC, Barcelona, 1972-1973.

Cuadernos de Arquitectura y Urbanismo, «Noucentisme: la arquitectura y la ciudad», 113, COAC, Barcelona, 1976.

Díaz, Cèsar, Ravetllat, Pere-Joan, Habitatge i tipus a l'arquitectura catalana, COAC, Barcelona, 1989

Díaz, Cèsar, Ravetllat, Pere-Joan, Habitatge i context urbà, COAC, Barcelona, 1991.

Documentos de Arquitectura, «José Antonio Martínez Lapeña-Elías Torres Tur. 1976-1989». 3, COA Andalucía Oriental, Almería.

Documentos de Arquitectura, «Jaume Bach-Gabriel Mora», 5, COA Andalucía Oriental, Almería.

Documentos de Arquitectura, «Jordi Garcés-Enric Sòria», 6, COA Andalucía Oriental, Almería.

Documentos de Arquitectura, «Roser Amadó-Lluís Domènech. 1976-1989», 7, COA Andalucía Oriental, Almería, 1988.

Documentos de Arquitectura, «Josep Llinàs, 1976-1989», 11, COA Andalucía Oriental, Almería, 1990.

Domènech Girbau, L., Arquitectura española contemporánea, Ed. Blume, Barcelona, 1968.

El Croquis editorial, 7-8, 39, 46, 61, 64, 76, Madrid.

Fabre, J., Huertas, J. M., Barcelona, la construcció d'una ciutat, Diari de Barcelona/Plaza & Janés, Barcelona, 1989.

FAD, Premis FAD d'arquitectura i d'interiorisme 87, 88, 89, 90, 91, 92 (1988, 1989, 1990, 1991, 1992, 1993).

Fernández Alba, Antonio, La crisis de la arquitectura española. 1939-1972, ed. Edicusa, Madrid, 1972.

Fernández Casado, Oficina de proyectos, Madrid, [1980].

Fernández-Galiano, Luis (ed.), Anuario 1993 Arquitectura Española, Madrid, 1993.

Flores, C., Arquitectura Española contemporánea. Ed. Aguilar, Bilbao, 1961

Flores, C., Amann, E., «La arquitectura de Barcelona», en Hogar y Arquitectura, 55-56, Madrid, 1964-1965.

Flores, C., Bohigas, O., «Panorama histórico de la arquitectura moderna española», en Zodiac, 15, Ed. di Comunità, Milán, diciembre de 1965.

Flores, C., Güell, X., Arquitectura en España 1929-1996. Fundación Caja de Arquitectos. Barcelona, 1996.

Fochs, C., J. A. Coderch de Sentmenat 1913-1984, Generalitat de Catalunya, Barcelona, 1988.

Garcés/Sòria, Editorial Gustavo Gili, S.A., Barcelona, 1987.

García-Martín, M., Estatuària pública de Barcelona, Catalana de Gas, Barcelona, 1984.

Garrut Romà, J.M., Itinerarios de piedad en Barcelona, ed. Aymà, Barcelona, 1952.

Gausa, M., Cervelló, M., «Guia d'Arquitectura Contemporània. Barcelona i la seva àrea territorial, 1928-1990», en Quaderns d'Arquitectura i Urbanisme, 188-189, 1991.

Generalitat de Catalunya, Realitzacions de la Direcció General d'Arquitectura i Habitatge i de l'Institut Català del Sòl, Barcelona, 1988.

González Moreno-Navarro, A., «Catálogo monumental de Barcelona. Entre el búnker y la esperanza», en ON Diseño, Barcelona, diciembre de 1978.

González Moreno-Navarro, A., 32 monuments catalans, Diputació de Barcelona, Barcelona, 1985.

González Moreno-Navarro, A., «El Noucentisme (1919-1959)», «La represa (1949-1979)», i «Avui», en C. Farré Sanpera (ed.), L'Arquitectura en la Història de Catalunya, Caixa de Catalunya, Barcelona, 1987.

González Moreno-Navarro, A., «L'Arquitectura i la gent», en *Diari de Barcelona*, Barcelona, diciembre 1989 a mayo 1990.

Grassot, Lluís de, «El azaroso paso del Rubicón de la restauración monumental en España», en *Informes de la Construcción*, n°. 427, Instituto Eduardo Torroja, Madrid, 1993.

Güell, X., Pouplana, X., Rovira, J.M., *Memòria renaixentista en l'arquitectura catalana 1920-1950*, (catálogo de exposición), COAC, Barcelona, 1983.

Hernández Cros, J. E., «Cronología de la obra realizada por los socios directivos del G.A.T.C.P.A.C.», en *Cuadernos de Arquitectura y Urbanismo*, 94, Barcelona, 1973.

Hernández Cros, J.E., Mora, G., Pouplana, X., *Arquitectura de Barcelona*, COAC, Barcelona, 1990.

Holsa, *Les noves rondes de Barcelona. Millora de la xarxa viària*, Barcelona, 1992.

Holsa, *Anella olímpica de Montjuïc*, Barcelona, 1992.

Holsa, *La Vall d'Hebron, Barcelona*, 1992.

Holsa, La Vila Olímpica, *Barcelona*, 1992.

Homenaje de Cataluña liberada a su caudillo Franco, Fomento de la Producción Nacional, Barcelona, [1939].

Hughes, R., *Barcelona*, Ed. Anagrama, Barcelona, 1992.

Informes de la Construcción, 267, 427, 428, IET, Madrid.

Itinerarios de arquitectura 1960. Barcelona, Sitges, Santa Coloma, Barcelona, 1960.

L'Arquitectura dels anys cinquanta a Barcelona, (catálogo de exposición), Barcelona, 1987.

Lacuesta, R., «Estudios previos para la restauración de la azotea de la Casa Milà de Barcelona». *Informes de la Construcción,* 428, noviembre-diciembre 1993.

Lacuesta, R., «Studio degli elementi architettonico-Scultorei del terrazzo di Casa Milà». *Parametro, rivista internazionale di architettura,* 197, 1993.

Lacuesta, R., González, A., *Arquitectura modernista en Cataluña*, Editorial Gustavo Gili, S.A., Barcelona, 1990.

Levene, R.C., Márquez, F., Ruiz, A., *Arquitectura española contemporánea*. 1975-1990, El Croquis editorial, Madrid, 1989.

Lotus Internacional, 23, Milano, 1979.

Mackay, D., *Contradicciones en el entorno habitado*, Editorial Gustavo Gili, S.A., Barcelona, 1972.

Mackay, D., *L'arquitectura moderna a Barcelona*, Edicions 62, Barcelona, 1989.

Martinell, C., «Veinticinco años de arquitectura barcelonesa. 1908-1933», en *Barcelona Atracción*, Barcelona, 1933.

Martorell, Bohigas, Mackay, Puigdomènech, *La Villa Olímpica. Barcelona, 1992*, Editorial Gustavo Gili, S.A., 1992.

Miralles, F., *L'època de les avantguardes. 1917-1970*, Historia de l'Art Català, VIII, Edicions 62, Barcelona, 1983.

Montaner, J. M., «La nova arquitectura de l'Eixample», en *La rehabilitació de l'Eixample*, Ajuntament de Barcelona.

Moragas i Gallissà, A. de, «La Arquitectura Catalana, hoy», en *Arquitectura 63*, ETSAB, Barcelona, 1963.

Mundo Ilustrado. Revista Hispano-Americana, 69, 73, Madrid-Barcelona, 1930-1932.
Nexus. «Gaudí-La Pedrera», 16, juliol 1996.

Nicolau Maria Rubió i Tudurí (1891 1081): El jardí, obra d'art, (catálogo de exposición), Caixa de Pensions, Barcelona, 1985.

ON Diseño, 0, 8, 33, 43, 45, 52, 65, 72, 82, 94, 102, 104, 109, 114, 116, 118, 120, 124, 125, 127, 132, 133, 135, 138, 140, 142, 143, 144, 145, 146, 153, 154, 163, 165, 173, Barcelona.

OP, «Puentes II», Colegio de Ingenieros de Caminos, Canales y Puertos, Barcelona, 1991.

Pérez i Sánchez, M., (ed.), *Vint-i-cinc anys d'arquitectura barcelonina. 1914-1938*, COAC, Barcelona, 1981.

Piñón, H., *Nacionalisme i modernitat en l'arquitectura catalana contemporània*, Edicions 62. Barcelona, 1980.

Pizza, Antonio, «Jaume Mestres i Fossas, un caso de tradición inacabada», en *Composición Arquitectónica*, 7, Bilbao, octubre de 1990.

Pizza, Antonio, *España. Guía de la Arquitectura del siglo xx*. Electa, Milán, 1997.

Quaderns d'Arquitectura i Urbanisme, 144, 145, 146, 149, 150, 164, 172, 187, 188, 193, 194, 200, 210, 220, Barcelona.

Ràfols, J.F., *Diccionario biográfico de artistas de Cataluña desde la época romana hasta nuestros días*, Ed. Millà, Barcelona, 1951.

Ràfols, J. F., «Despliegue brunelleschiano en el novecentismo catalàn», *Cuadernos de Arquitectura*, Barcelona, II sem. 1960.

Registre d'arquitectura moderna a Catalunya 1925-1965, Col.legi d'Arquitectes de Catalunya, 1996.

Rodríguez, C., Torres J., *Grup R*, Editorial Gustavo Gili, S.A., Barcelona, 1994.

Rovira Gimeno, J. M., *La arquitectura catalana de la modernidad*, UPC, Barcelona, 1987.

Rubió, M. et alii, *Nicolau M. Rubió i Tudurí (1891-1981)*, Ajuntament de Barcelona, Barcelona, 1989.

Rubió Tudurí, N. M., «L'aclimatació de l'arquitectura moderna a Barcelona», *Mirador*, 93, Barcelona, 6 de noviembre de 1930.

Rubió Tudurí, N. M., «El arquitecto Duran Reynals, artista clásico», en *Cuadernos de Arquitectura*, 65, Barcelona, 1966. (Reproducido en versión catalana en Quaderns d'Arquitectura i Urbanisme, 150, Barcelona, 1982).

Solà-Morales Rubió, I., «L'arquitectura a Catalunya. 1939-1970», en E. Jardí, *L'art català contemporani*, Ed. Proa, Barcelona, 1972.

Sòria Badia, E., *J. A. Coderch de Sentmenat. Conversaciones*, Ed. Blume, Barcelona, 1979.

Suárez, Alícia, Vidal, Mercè, «L'Art Déco a Catalunya», en *Nexus*, Barcelona, desembre de 1988.

Suárez, Alícia, Vidal, Mercè, *Els arquitectes Antoni i Ramon Puig Gairalt*, ed. Curial, Barcelona, 1993.

TA (Temas de Arquitectura y Urbanismo), «La arquitectura de Miguel Álvarez Trincado», 139, Madrid, 1971.

Tarrús, J. «Duran i Reynals: clàssic i eclèctic», en *Quaderns d'Arquitectura i Urbanisme*, 150, Barcelona, 1982.

The architects journal, 24, junio 1996.

Ucha Donate, R., *Cincuenta años de arquitectura española (1900-1950)*, Ed. Adir, Madrid, 1980.

Urrutia, Ángel, *Arquitectura española del siglo xx*. Madrid, Ediciones Cátedra, 1997.

Villoro, J., *Guia dels espais verds de Barcelona*, COAC, Barcelona, 1984.

Índice onomástico

Indice toponímico